No entiendo mucho de vinos... pero conozco su protocolo

Grupo ROBIN BOOK
Barcelona - México
Buenos Aires

No entiendo mucho de vinos... pero conozco su protocolo

Giuseppe d'Este

BONVIVANT

BONVIVANT

UN SELLO DE EDICIONES ROBINBOOK
información bibliográfica
Industria 11 (Pol. Ind. Buvisa)
08329 - Teià (Barcelona)
e-mail: info@robinbook.com
www.robinbook.com

Diseño de cubierta e interior: Cifra
Ilustraciones de cubierta e interiores: José María Pérez Martell

ISBN: 978-84-96054-48-6
Depósito legal: B-19.604-2011

Impreso por Limpergraf, Mogoda, 29-31 (Can Salvatella),
08210 Barberà del Vallès

Impreso en España - *Printed in Spain*

Índice

El arte de quedar bien

La vida de relación y en especial el buen gusto sufren constantes evoluciones, unas veces causadas por profundas corrientes sociales, otras por cosas tan simples como los hábitos de un nuevo estereotipo cada vez de paso más vertiginoso.

Las oleadas de las modas nos cambian los manteles y reducen o amplían la intensidad de la iluminación de nuestra mesa desentendiéndose de las normas que marcan lo conveniente y, muchas veces, lo prudente. Ejemplos más o menos divertidos de esto los encontramos en textos de historia que versan sobre las costumbres que imperaban en los banquetes clásicos, en las fiestas cortesanas y hasta en la penumbra de los monasterios.

En el códice Romanov, Leonardo da Vinci nos retrata curiosas costumbres de su señor, el duque de Milán, al que sirvió durante más de veinte años como *festaiolo*. Nos cuenta que el príncipe hacía atar conejos vivos a los respaldos de las sillas de sus comensales, a fin de que estos pudieran limpiarse las manos en su piel; hay que tener en cuenta que el tenedor aún no había trascendido más allá de sus primeros diseños usados en las mesas del palacio Pitti, residencia de la familia Borgia, en Florencia.

No es nuestra intención recoger las prácticas mundanas en este libro. Muy al contrario, creemos que cualquier manual de protocolo le ayudará a actualizar sus conocimientos sobre la manera y el orden en que debe servirse a las personalidades, dando prioridad a los jefes de Estado sobre el nuncio, y a las damas sobre los caballeros... Además, consideramos que ya en los ámbitos más cotidianos se enseña que el vino se sirve por la derecha y que se comienza a servir siempre por la dama situada a la derecha del señor de la casa, para continuar con los caballeros a partir del que está sentado más cerca de la derecha de la señora de la casa. Son costumbres muy locales y muy diferentes según el signo político de los Gobiernos, e incluso de las mismas circunstancias internacionales.

El verdadero objeto de este libro, en cambio, es acercar al lector al disfrute «actualizado» del vino, así como dar a conocer las prácticas habituales en la moderna vinicultura; sólo de ese modo, usted podrá encontrar en el laberinto de la gigantesca oferta el camino para satisfacer sus gustos, tanto en el tipo y calidad de los caldos que consume en los restaurantes como en los que lleva a su mesa para atender a sus invitados. Para ello, y bajo una concepción del humanismo que siempre ha regido el protocolo y las tradiciones ligadas al vino, le ofreceremos la nomenclatura de las etiquetas y desarrollaremos sus códigos y señales para que, con un sistematizado conocimiento de las artes, procedimientos y biología de este singular «ser vivo» que es el vino, pueda usted intuir su nacimiento en la viña, su infancia en la bodega y su madurez, cuando ya se encuentra en sus propias manos. Le acompañaremos por los distintos establecimientos y vinotecas, por los clubes y por internet en busca de sus preferencias, y le ayudaremos a reconocer y valorar los vinos en cada uno de sus matices, a conservarlos, a potenciar sus virtudes y a detectar sus defectos. Además, le acercaremos al mundo de los sentidos olvidados (el olfato y el gusto), introduciéndolo con sencillez y naturalidad en los nuevos lenguajes descriptivos de esas sensaciones tan exclusivas y, a la vez, tan sutiles, que brinda el vino a los que aprenden a conocerlo y saborearlo con fundamento.

Este libro y los que le acompañan en esta colección no son más que una ventana abierta a un nuevo horizonte en el que la amistad tienen un amplio protagonismo, ya que son los amigos quienes pueden compartir un tema que se ha hecho nuevo gracias a la tecnología, la cual ha hecho del vino un producto más accesible a cada gusto en particular, una bebida de una calidad inigualable que hoy se encuentra al alcance de todo aquel que la sepa reconocer y disfrutar.

Descubrir el lenguaje del gusto

Cuando hablamos del sentido de la vista tenemos un amplio repertorio de palabras que nos permiten, con mayor o menor precisión, la descripción de aquello que estamos viendo o que imaginamos ver. Arriba, abajo, verde, rojo, claro, oscuro... y un enorme etcétera que nos lleva a relacionarnos con el medio.

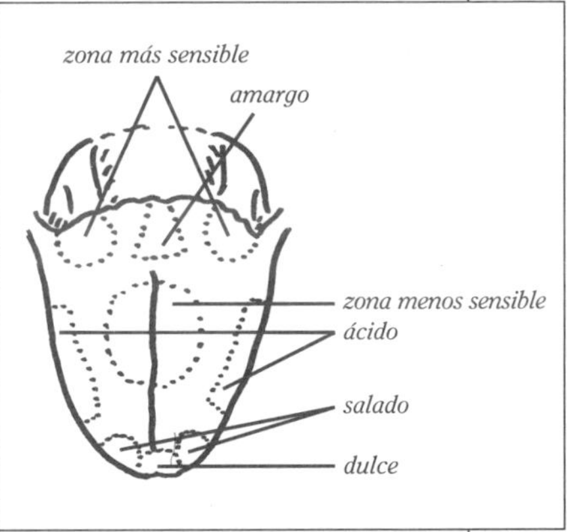

Distribución de la sensibilidad gustativa en la superficie de la lengua.

Imaginemos por un instante que sólo tenemos el gusto para describir el mundo que nos rodea; percibimos así lo dulce, lo salado, lo ácido, lo agrio..., algunas descripciones de texturas, tales como aceitoso, fluido, espumoso, seco, astringente... y otras muchas que sólo podemos describir asociándolas, por similitud, a otras cosas conocidas que nos sirven de referencia. Además, el sentido del gusto está íntimamente ligado al sentido del olfato, y en el mundo del vino mucho más. ¿Quién no ha usado la comparación con aromas conocidos para comunicar a otra persona la sensación que está percibiendo? Pues bien, refiriéndonos al vino, este arte es la degustación y la cata, factor fundamental en la vida y que ha sido ignorado en nuestra educación tanto por la escuela como por la familia.

Poco a poco, como cuando aprendimos a relacionarnos con el mundo exterior mediante la vista o el oído, reconoceremos los primeros aspectos de estos nuevos lenguajes, reteniéndolos e introduciéndonos en un mundo más rico y sutil y la vez apasionante, un mundo que el vino nos brinda como ningún otro elemento de la naturaleza o la vida.

El vino no es un producto industrial clásico; es un producto que, pese a la industria, sigue imponiendo su biológica cuna artesanal y que transforma las virtudes de sus componentes, del suelo y del clima para transmitirlas a los sentidos una vez elaboradas. No tendremos un completo sentido de su calidad, ni sabremos distinguir un buen vino de un gran vino, si no nos introducimos, al menos mínimamente, en este apasionante mundo de los sentidos en el que degustar no es beber, sino un diálogo exquisito con la tierra y la naturaleza. No obstante, la cata es objeto principal de otro libro, ya que en este nos centraremos en cómo elegirlo, cómo apreciarlo, cómo conservarlo y transportarlo y cómo observar su protocolo.

La intimidad aromática del vino

El agua del vino alcanza en algunos casos hasta el 90 % de su volumen total, pero lo normal es que ronde el 85 %; es un agua de naturaleza vegetal y, desde nuestro punto de vista, químicamente pura, incolora, inodora e insípida.

Los alcoholes del vino nacen de la fermentación debida a las levaduras de los distintos azúcares contenidos en el jugo de la uva; pueden representar entre un 8 y un 20 % de la masa exprimida. Su composición química es compleja y abarca desde trazas de alcohol metílico, proveniente de las partes leñosas y pectínicas de la uva, hasta glicerol, un trialcohol proveniente de los azúcares, que es el principal responsable de la sensación calórica que se siente al degustar un vino (aunque, ciertamente, participa en las sensaciones oleosas y de viscosidad).

Los ácidos del vino provienen de los contenidos en la propia uva, y son el ácido tartárico, el ácido málico, el ácido cítrico y el ácido glucínico. Su cantidad total varía entre 2 y 7 g/l (expresado en comparación al ácido sulfúrico). Son los responsables del sabor ácido que en presencia de la saliva se hace evidente a las papilas gustativas de la lengua.

Los compuestos fenólicos del vino están presentes en dos grandes grupos bien definidos, los compuestos colorantes flavonoides, responsables del color amarillo, y los antocianatos, responsables del color rojo; en conjunto, están presentes entre 2 y 5.

Los taninos del vino, un tipo de compuestos fenólicos provienen de las pieles y de las pepitas en algunas variedades o, adicionalmente, de la misma madera de las barricas de fermentación o crianza, y llegan a estar presentes entre 1 a 3 g/l. Los taninos son responsables de la textura del vino, esa sensación astringente que se siente en las mucosas, especialmente las de la lengua, al hacerlas coagular la saliva en su superficie de contacto (sensación de boca seca). Además tienen capacidad estabilizante del color al combinarse con los antocianatos. Su combinación produce la misma sensación de astringencia al paladear el vino.

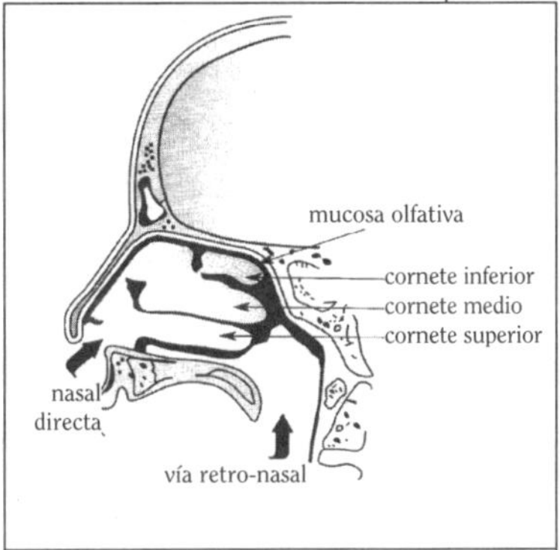

Esquema del corte sagital de la cabeza para apreciar las vías de la sensibilidad olfativa directa y retro nasal.

Los azúcares no fermentados del vino están presentes, tanto en los vinos más secos (alrededor de 2 g/l) como en los vinos licorosos (hasta 30 g/l); se componen de glucosa, fructosa arabinosa o xilosa. Estos azúcares contribuyen decididamente a la sensación de viscosidad, además de actuar sobre las papilas gustativas proporcionando al vino su clásico sabor dulce; la sensación oleosa se produce al mezclar el alcohol con el azúcar en los receptores bucales.

Las sustancias saladas de los vinos, trazas e iones específicos aportados por cada variedad de uva, contribuyen en delicada medida, y con sensaciones muy sutiles de distintas sales de potasio, sodio, compuestos clorhídricos, sulfatos y tartratos, a dar personalidad gustativa al vino.

El gas carbónico se encuentra siempre presente, tanto en los vinos tranquilos como en los espumosos. Se comienza a percibir (sensación de aguja) sólo cuando está presente en una concentración en torno a los 500 mg/l, y es un importante vector de aromas, especialmente en los espumosos, a los que, además, aporta su característica personalidad y vigor.

Las sustancias aromáticas aportan la riqueza y la complejidad del vino y provienen de diferentes familias químicas. Alcoholes, aldehídos, esteres, ácidos grasos, terpenos, presentes algunos en dosis infinitesimales, son los responsables del aroma que cada variedad brinda al vino, un aroma que el procedimiento de elaboración protege y potencia para nuestro placer. Dichos aromas son semejantes a los que ofrecen las flores y las frutas para seducir a los insectos y estimular la polinización y la dispersión de las semillas. A muchos de ellos los conocemos y valoramos; sobre su detección iremos construyendo un nuevo lenguaje para expresar dos de nuestros más delicados sentidos.

El hombre y el vino

«Debió de ser una mañana neblinosa de octubre o, tal vez, de septiembre; habían llegado desde allá abajo, por la cuenca del río», señaló el arqueólogo a los que se prestaron a escucharle. «Al abrigo de este barranco pasaron la noche y, al parecer, no hicieron fuego —aún no lo conocían, aunque ya apreciaban la carne chamuscada por los incendios espontáneos causados por los rayos—, y se juntaron como corderos para retener el calor porque la humedad de la noche y los críos pequeños así se lo aconsejaron. No han quedado restos de comidas sustanciosas, pero sí estas semillas», agregó, mostrando una buena cantidad de semillas de uva fosilizadas en una excavación circular, tal vez causada por el agua al caer obstinadamente contra la roca calcárea. «Lo que sí podemos confirmar es que acumularon una buena cantidad de uvas que debieron crecer espontáneamente, como aún lo hacen en estas llanuras del Indo, y si la cantidad era suficiente, o la temporada algo tardía, debieron fermentar, lo que posibilitó que aquellos habitantes sintieran, por primera vez, la embriaguez y los ardores del vino. No sólo los homínidos sino también otros simios y hasta los elefantes comen la fruta fermentada y sufren unas espectaculares borracheras, como aquel grupo de monos que comenzaban a ser un poco hombres y que habían recorrido en varias generaciones, siguiendo a los rebaños de asnos de los que se alimentaban, los miles de kilómetros que separan las llanuras del Indo de la falla del Rif africana donde nacieron.»

Así, casi sin quererlo, la ciencia describe las primeras huellas de una relación que a través de los siglos llegaría a ser siempre fecunda, apasionada muchas veces y cruel otras tantas. El vino no llegó al hombre, el hombre llegó con el vino. Fue primero alimento y también medio de estímulo para sus primeras fantasías, y tal vez contribuyera junto con el fuego a suavizar la rudeza de sus primeros alimentos, frutos de la carroña. El vino fue quizá el incentivo para sus primeras creaciones mecánicas y para sus primeras especulaciones intelectuales. Tal vez algo ha tenido que ver el vino con la rápida evolución del ser humano hacia la consecución de una masa cerebral más especializada, pero lo que es seguro es que ha estado presente en cada paso de su historia y aún hoy nos acompaña en nuestro tímido paso hacia la estrellas.

Detalle de un mosaico que representa a Noé (basílica de San Marcos, Venecia).

Los historiadores, en cambio, llevan la vid silvestre hacia el norte, y no al sur, como ha hecho el clima a través del tiempo, y hacen de las estribaciones que miran al Cáucaso, en tierras georgianas, la cuna de la vinicultura, donde hoy se sigue vinificando con métodos que arrancan tal vez en los albores del periodo bíblico. Lo cierto es que las fiestas babilónicas recogidas en el código de Hammurabi recuerdan todo el proceso de recogida y cultivo de la vid. En ese periodo, la vid ya es conocida en China y la India, donde se cultiva en pequeñas parcelas; entonces, en aquellas regiones se obtenía con fines esencialmente mágicos y terapéuticos.

Pero su destino es ir hacia el oeste. Siguiendo los rebaños que buscan las verdes pasturas de primavera, llega definitivamente al Mediterráneo a través de los pedregosos montes de Ararat donde, según la Biblia, encalló el arca de Noé y donde prosperó hasta convertirse, poco a poco, en una fuente de comercio para los pueblos de lengua aramea. Desde Canaán (actualmente Líbano e Israel) hasta Nilo, y desde allí hasta Creta, la técnica vinificadora se va perfeccionando hasta pasar de arte iniciático a comercio popular. Poco a poco, el vino se va convirtiendo en la bebida de las celebraciones y los ritos.

Los fenicios y los navegantes griegos que hicieron del Mediterráneo la tierra del vino ya a comienzos del 2000 a. C., subieron por los grandes ríos y llevaron su cultivo al Volga, al Ródano, al Ebro, al Duero, al Guadalquivir... El vino se convirtió en el cultivo más lucrativo después del trigo y, junto con él, en la base de la sustentación de los pueblos.

Dibujo de un papiro que representa la vinificación en el Antiguo Egipto.

En el ámbito religioso, comienzan a entrar en la leyenda los caldos exclusivos de las deidades y sus celebraciones. Los egipcios cultivan y ritualizan el vino en sus templos, haciendo que gane adeptos frente a la popular cerveza y convirtiéndolo en una de las más apreciadas exclusividades de religiosos y nobles. Los faraones disponían de cosecha propia, y en su elaboración comienzan a despuntar la selección y los primeros envases de tradición monástica asociados a la radiación solar y a las maldiciones del mundo sombrío en el que habita la locura, prueba evidente de algunas memorables borracheras.

Los dioses griegos beben ambrosía y Dionisos se yergue soberano de una tradición que llega a nuestros días a través de las celebraciones de la vendimia. En su condición de mortal e hijo de Dios, Dionisos se convierte en el dios del vino, y es esa terrenalidad la clave de su éxito litúrgico como impulsor de la fertilidad; su sangre es el mismo vino, simbología que anticipa lo que luego será la consagración litúrgica cristiana.

Las fiestas dionisíacas eran las celebraciones en las que las musas inspiraban a los poetas; allí, el teatro permitía la crítica, la burla y la expansión de las clases sojuzgadas. El éxito de este dios trascenderá su época a través de su nombre local en las colonias del mar de Mármara, donde se lo llama *Bacchus*, nombre que se hará popular entre los romanos que mantienen el comercio entre Asia y Roma en los albores de la ruta de la seda. Así, las fiestas comienzan a denominarse *Bacchanalia*, manteniendo su liturgia y ampliando notablemente la participación popular. Estas fiestas llegan a tal nivel de popularidad que comienzan a ser perseguidas, aunque nunca, ni siquiera en su versión medieval, logran ser abolidas por la severa Iglesia católica.

Representación de Dionisos en un vaso ceremonial.

Si de lejos nos viene a los españoles la afición al vino, hemos de reconocer el indudable aporte judío a nuestra cultura y, por ende, a dicha afición. Baste recordar la imagen de la Tierra Prometida, representada por un inmenso racimo de uvas portado entre dos hombres, para comprender el singular protagonismo del vino en el culto hebreo. Tal vez por ello resulte hoy tan complicado para un productor español lograr la calificación de producto *Kosher,* indispensable para que los productos sean admitidos en el importante mercado de los judíos norteamericanos. Y quizá por el mismo motivo, Jesús el Nazareno inauguró su vida pública atendiendo las necesidades de vino en las bodas de Caná, además de dejarnos su memoria ligada al vino en la consagración, como representación de su sangre vertida en sacrificio.

Los romanos, tras expandir su comercio y sus devociones, conquistan Grecia, y no sólo se quedan con sus territorios, sino también con su cultura, con su liturgia y sus dioses. Procediendo a un decoroso cambio de nombre de sus deidades para ocultar el «robo», se aficionan decididamente al vino, sobre todo en la capital imperial a la cual llegaban, cargados en ánforas, los caldos de los valles de todos los ríos. Grandes marinos, grandes comerciantes y grandes soldados, los romanos hicieron de aquel mar el *Mare Nostrum* y lo llenaron de embarcaciones, que transportaban el sagrado caldo. La expansión del vino corría paralela a la del latín y el arado de madera; el cultivo de la vid era más rentable que el del trigo, que preferían traer de Egipto, de las llanuras costeras del norte de África, de los campos de la Galia y de la Europa fría. La viña fue la panacea para las colonias romanas y para el tráfico mercante, y por ello no es raro que lo glorificaran y que los dioses lo consumieran sin control, encarnados en sus devotos festejantes.

Representación de la Tierra Prometida (detalle de un vaso encontrado en Atenas).

El vino inspiraba el arte y la decoración de las villas y palacios, dejando maravillas en sus mosaicos, en la representación oral de las tradiciones y en la literatura.

En el terreno agrícola, los romanos llegan a rondar la genialidad; topógrafos intuitivos y hábiles observadores, van descubriendo los mejores terrenos para el cultivo de la vid, desarrollan algunas variedades adaptadas al terreno y sistematizan las plantaciones tomando conciencia de las distancias óptimas para separar las plantas, del drenaje para que no desarrollen enfermedades y, sobre todo, de la elección del terreno, origen de los *terroir* de la Francia viñatera de toda la vida.

El romano coloniza los ríos y lleva las viñas al norte (al Mosela y al Danubio) y al sur (a las estribaciones del Antiatlas). Relaciona de manera muy feliz la insolación, el terreno pedregoso y bien drenado y las tierras calcáreas, y logra en las cercanías de los ríos las mejores explotaciones, muchísimas de ellas tan actuales y prestigiosas hoy como entonces. Virgilio recoge en sus libros los secretos de las colinas toscanas y las estribaciones de los Alpes y el Trentino. Columela, autor romano gaditano del siglo I, describe el viñedo andaluz y cuenta los secretos de una importante producción equiparable a la actual. Juvenal cuenta cómo se vende en los mercados de una Roma ociosa y, sobre todo, cómo llega por el Tiber como un maná para una sociedad convulsa y frustrada que necesita expansión y alegría y que amenaza rebelión a cada instante.

Tal vez, el mayor logro de los romanos sean los cultivos en las riberas del Garona, precursores del Burdeos actual, o en la cuenca baja del Tajo, con los Oporto, y del Rodano y del Rin, con sus perfumes intensos hoy tan de moda. En España, el vino romano fue fundamentalmente ampuritano y jerezano, alcanzó Cariñena y el Priorato y se adentró en los valles de los ríos, dando paso a una muy próspera agricultura y desarrollando la fermentación en grandes tinajas, técnica que aún se emplea en pequeñas explotaciones tradicionales y que fue de uso general en amplias regiones hasta bien entrado el siglo XX. Hoy, los arqueólogos marinos descubren naves hundidas cuajadas de ánforas que se supone estaban en ruta hacia Roma, prueba de lo que fue un muy próspero comercio.

«Con la Iglesia hemos topado», dice Quijote a Sancho. También el vino topa con la Iglesia, sobre todo a partir del saqueo de Roma y el desmembramiento del Imperio romano. Muchas explotaciones que viven del comercio con la metrópolis van perdiendo esplendor, y las villas, otrora florecientes, comienzan a despoblarse. La cerveza nórdica gana terreno impulsada por los soldados que llegan del norte. Pero, la Iglesia entra entonces a representar un papel importante en la expansión del vino, no sólo por su creciente poder sino, sobre todo, por el valor del vino en la liturgia católica. El Imperio de los vándalos es fundamentalmente militar y hereda de Roma la organización y el concepto de Estado, pero es la Iglesia la que conserva la cultura, la tecnología, los secretos del agua y los secretos del vino.

Corren tiempos duros para toda Europa. Los vikingos asolan las costas y desembarcan en Sicilia, tras saquear las tierras desde el Finisterre gallego hasta el Po italiano. Resurge el misticismo y las familias se refugian en diminutos monasterios, algunos privados, con el único objetivo de no pagar las crecientes contribuciones reales o de no aportar hijos a los ejércitos. Y en esa paz monástica va renaciendo el vino, que coloniza los valles, se encarama por las colinas de todo el sur europeo y protagoniza el desarrollo de los vinos del frío y los vinos verdes de aroma intenso y subyugante frescura.

Las bodas de Caná, *por Juan de Flandes.*

De golpe, el rey Recaredo, enfadado con su hermano por la posesión de un viñedo en la zona de Sevilla, abre las puertas de la Europa occidental a los árabes, de quienes esperaba ayuda militar. Éstos, en un estrépito de caballos, ocupan las tierras peninsulares y las sosiegan en un frufrú de babuchas y cantos de almuédanos, entre perfumes de azahar y leyendas. El vino queda relegado a la alquimia, a la medicina de Avicena y de otros genios, a la búsqueda de las esencias y a la leyenda monástica.

El musulmán no bebe vino, al menos en público; el Corán sólo prohíbe el exceso, pero los ulemas dicen otra cosa. Liberado del qué dirán, y en campaña, en la que también está libre de las limitaciones de su propia religiosidad, lo consume y lo promueve. A los árabes de entonces les gustaba el vino dulce, pesado y aromatizado con especias, un vino que guardaban celosamente y cultivaban en secreto, como en secreto también lo compraban a los pequeños cenobios que conservaban la fe cristiana. En la península Ibérica, la reconquista tiene más de bazar que de gesta, y el «yo te doy, tú me vendes» ocupaba todo el día, entre batalla y batalla, y entre taifa y taifa. Es un «viva la vida» que prenderá profundamente en las raíces de los gustos meridionales hasta hacerse carne con ellos.

Poco a poco, la decadencia se come al Islam europeo; los victoriosos soldados son agricultores hábiles y ciudadanos con vocación de aldea y huerto florido. Enfrente, la Iglesia blande el mandoble de la reconquista y gana terreno alentando a los nobles y prometiendo reinos en el cielo. Crea armadas, órdenes monásticas y, finalmente, una estructura poderosa con una estética propia: el románico. Bajo las piedras trabadas en arcos, nacen los cenobios y con ellos el orden. Irrumpe en Europa una nueva fe y ésta lleva el vino como cultivo preeminente, la ciencia como saber y la fe como su más terrible espada.

Capitel románico del siglo X, que representa a una tabernera.

No debemos olvidar la importancia crucial que para este cultivo tienen las órdenes monásticas. El Cister abre el camino a los grandes monasterios, donde se conservan las técnicas y los secretos del cultivo y de la elaboración. Poco después del genio de San Benito, nacen los Benedictinos. Los reyes hablan de reconquista, la fe se embriaga y lucha hasta empujar al Islam y sacarlo de la Península. Los reyes hacen repoblaciones, los campesinos de Burdeos son llevados con la promesa de franquicias y burgos hacia nuevas zonas de cultivo, las técnicas se extienden y el saber se hace ciencia.

Las pestes llegan de Asia por el camino de las sedas y las especies. El mundo conocido se convulsiona y se revuelve, el vino es un magro consuelo. Los grandes médicos usan el vino en las curas y comienzan a aparecer los licores y los destilados como extractores de aceites esenciales curativos.

Al final de la contienda, y con una Europa cuajada de emigrantes forzosos —gallegos en la boca del Guadalquivir, francos en la alta Castilla, napolitanos en Treviso—, la ciencia se matiza, los barriles del norte se mezclan con las tinajas el sur y el vino se hace, poco a poco, maduro, añejo. El castaño irrumpe sustituyendo al roble para el trasiego y los tintos se conservan en ambientes azufrados con la pólvora de los mosquetes. La vinificación se ha hecho una gran industria y el vino un alimento que, como recuerda Lázaro de Tormes, cuesta encontrar y cuesta beber.

Prensado de la uva (miniatura del siglo XI, *Archivo Estense).*

Las rutas del comercio se encuentran bloqueadas por los turcos, las estepas de Asia propagan su maldición de muerte hasta las puertas de Viena, el mundo civilizado se lanza al mar. Poco a poco, la vid lo acompaña. Ya son famosos los vinos de Madeira y algunos caldos dulces de Tenerife. Han pasado pocos años desde la conquista, pero el soldado tiene nostalgia de aldea y cultiva lo más sencillo, la vid, ésa que es alimento y alegría, que impulsa sus sueños y despierta sus pasiones. Cruza el mar, lava las heridas de la conquista y se extiende con los pioneros que luchan por todo aquello que su tierra natal les ha negado, y el vino es consuelo para sus nostalgias y otra vez alimento y alegría.

El Río de la Plata, Potosí, California, Copiapó, son nombres que suenan cada vez más en la geografía del vino. Los primeros caldos de la nueva tierra comienzan a hacerse conocer y respetar. El comercio de vinos peninsulares encuentra un nuevo mercado, el de la nostalgia, y se expande, se arraiga y prospera al amparo de monopolios y prohibiciones que se diluyen en la práctica y se pierden tras las sucesivas independencias nacionales. En la América hispana nacen nuevos intentos de la mano de los ingleses, que se han aficionado en Francia a los buenos caldos y los llevan a Sudáfrica, Australia y California, donde con los años se desarrollará toda una nueva concepción de la enología.

El agricultor busca el clima mediterráneo, reconoce las tierras adecuadas y, como lo hicieran siglos atrás los romanos, conoce el terreno y prueba las viñas europeas generando variedades locales perfectamente adaptadas al suelo. El vino es ya universal.

El vino es sinónimo de celebración y siempre ha estado presente en las ceremonias de los poderosos. Los egipcios, los persas y los griegos, los romanos y todos los pueblos han tenido en esta bebida el punto de referencia para juzgar la calidad de un anfitrión. Son numerosas las menciones de los cronistas que describen los distintos festejos, y el mismo Leonardo da Vinci, como *festaiolo* del duque de Milán, recuerda en sus escritos la importancia que su señor atribuye a la calidad de los caldos que sirve a sus invitados, en especial a los que se sientan cerca de él, lugar reservado para príncipes y clérigos.

La celebraciones siempre tienen en el alcohol el estímulo que, tal vez, el espíritu humano necesite para divertir su mente dando al César la parte del César y a Dios lo que le toca a Dios. Modernamente, el vino es más que nunca factor y promotor de alegría y, muchas veces, de ese toque de desparpajo que necesitan de vez en cuando las relaciones humanas.

No se entiende un galanteo sin la compañía de un vino; no se entiende una comida de negocios aderezada con las mejores salsas, servida en una magnífica mesa y regada sólo con gaseosa. El vino da prestigio y envuelve de calidad el ambiente, tal vez porque es capaz de estimular todos los sentidos a la vez: la vista, con sus variados y cálidos colores; el oído, con el suave y voluptuoso sonido del vino al caer en la copa; el tacto, con la textura que explora el paladar en una práctica casi sensual; el gusto, enriquecido por su estímulo de las percepciones; y el olfato, madre de los recuerdos más queridos y perennes.

El vino meridional, nacido en clima mediterráneo, es potente, rico en taninos, formas y perfiles, se carga de sol tras la parada invernal en tierras humedecidas por las lluvias y las nieves, y se enriquece de azúcares que le harán alcanzar un grado alcohólico importante tras la vigorosa eclosión y maduración, bajo un cielo límpido pleno de sol, en un ambiente seco.

Los vinos de la niebla, en cambio, son fruto del hombre más que del clima, han de seguirse paso a paso, con frecuentes podas veraniegas, en laderas muy empinadas, especiales para controlar la luminosidad y el exceso de humedad. El hombre trabaja grano a grano esos caldos que aunque bajos en alcohol son ricos en sensaciones y aromas de frutas ocultas en el bosque. En la bodega, el hombre de la niebla puede hacer fermentaciones más prolongadas al amparo de las bajas temperaturas, usar la abundante madera de roble de sus bosques para enriquecer con un largo contacto sus vinos. En minuciosas crianzas, el vino es más fresco, más ácido, como si fuera más joven.

Escena campestre, *por Pierre de Crescens (biblioteca del Arsenal, París).*

En la zona mediterránea la fermentación sigue usando la tinaja, la madera es cara y los señores la usan para construir naves. Gestas como la de la Armada Invencible dejaron sin un roble las provincias de Huelva y Sevilla, y deforestaron también Almería y los Monegros. Los griegos y romanos inventaron la solera y lograron enriquecer el vino hasta llevarlo a niveles de proporciones alcohólicas únicas, y el gusto local (y luego el árabe) hicieron de los dulces, con gran cantidad de azúcar residual, una de sus obras maestras.

A cada tierra su vino; un campesino de Mantua prefiere un modesto lambrusco de su región a un carísimo vino del Gaia, y un catalán, un Torres de la Tierra Alta a un vino de Toro. Los vinos se hacen diferentes porque diferentes son sus tierras, sus variedades y sus climas, pero también, y a pesar de la indiscutible universalización de los gustos, se hacen a la medida de sus hombres. En cada zona vinícola se dan ciertas preferencias respecto a la apreciación del vino. En el pasado los vinos no viajaban tanto como en la actualidad y las preferencias locales eran más acentuadas.

Las modas van dirigiendo el buen gusto y en especial son los mercados ingleses, enriquecidos tras el declive francés posnapoleónico, los que dictan las líneas. A inicios del siglo XIX, la expansión de los mercados y la revolución de sofisticación que impone la Corte hispanofrancesa de Napoleón III y la sevillanísima Eugenia de Montijo promoverán un mayor intercambio de caldos en Europa. Así, los *grand cru* de Burdeos coparán las tabernas londinenses, y nombres tan reconocidos como Lafite o Margaux adquirirán resonancias mundanas.

El desayuno con ostras, *por Jean-François de Troy (Museo de Chantilly).*

Una revolución biológica llegará para convulsionar el mundo del vino: aparece un pequeño pulgón, originario de América, la filoxera *(Phyloxera vastatrix),* que asola los campos de Francia mientras potencia los mercados tangenciales, como los del Rioja español y el Gaia italiano. Pero dichas zonas también se verán afectadas posteriormente por esta plaga; a Portugal llegó en 1868, a Alemania en 1875, a Italia en 1876 y a España en 1878. La filoxera actuaba atacando los viñedos junto a los hongos, el mildiu y el oidio.

En el siglo XX aparece un nuevo concepto que se va extendiendo, impulsado al principio por la maquinaria bélica y la necesidad de territorio por parte de los Estados, que comienzan a verse superpoblados. La paz armada de las entreguerras y la progresiva pérdida de las colonias de ultramar por parte de los grandes imperios acelera la búsqueda de soluciones a través de la ciencia. Las comunicaciones se disparan tras la II Guerra Mundial; con el incremento de los intercambios, el mundo se globaliza y el mercado del vino comienza a hacerse universal.

Miniatura del siglo XIX *que representa un mercader de vinos. (Archivo Estense).*

El acero inoxidable desplaza al roble nuevo, con lo que el vino del Mediterráneo puede llegar así a fermentar a temperatura controlada y extraer aromas delicados a sus hollejos. El vino cambia, se seca y, a la vez, pierde grado alcohólico. Aparece la ortodoxia y las invasiones de mercados, nacen las regulaciones y, con ellas, las denominaciones de origen y la mística social del vino embotellado; comienza una enorme puesta en escena que activa los mercados por medio de la publicidad, la moda y, a menudo, la excesiva afectación y banalidad.

El vino evoluciona. Tras siglos, sigue acompañando al hombre en sus nuevas actividades, se diversifica y se va convirtiendo en un producto industrial. Para el campesino, que ama su tierra y pretende vivir de ella, se impone el cambio, hay que modernizarse, abandonar la intuición y acercarse al conocimiento. Los hijos de los agricultores van a la escuela agraria, estudian enología y, poco a poco, el viejo lagar deja las tinajas para adorno del jardín, y el aire acondicionado, los gases inertes y el acero inoxidable sustituyen a las artes polvorientas. Las cepas comienzan a ordenarse en espalderas, la poda se mecaniza y la misma vendimia deja las pesadas portadoras de castaño e incorpora nuevas modalidades más limpias y productivas. En este marco, el empuje de los nuevos mercados es definitivo. Los nuevos productores internacionales, sobre todo los del Pacífico sur, no se contentan con abastecer su propio mercado: se lanzan a la conquista del mercado europeo tradicional y nos enseñan el camino hacia unos nuevos tipos de vino. Europa, mientras tanto, se muerde la cola de las restricciones; una vez más, se recurre al decreto real para proteger lo que nadie puede ya proteger si no es con una sana competencia y con un concepto revolucionario de modernidad. Desde los hábitos del campesino romano casi nada ha cambiado en nuestra producción, pero ahora se impone un cambio rápido. Ya no es posible proteger los vinos, como hiciera Roma arrancando las viñas de una Galia que comenzaba a hacerle sombra; ni tampoco se puede, como hiciera la metrópolis hispánica, prohibir la importación de los vinos de América para conservar el monopolio peninsular. En la actualidad, ni en California (la que impulsara Fray Junípero Serra llevando sus cepas mallorquinas), ni en Sudáfrica o Nueva Zelanda reniegan del riego por goteo, de la producción incentivada y de los antioxidantes para obtener, con unas variedades cada vez más estudiadas, el vino que tal vez algún día llevaremos a las estrellas.

El vino en sociedad

Quedan pocos elementos en esta sociedad meteórica que permitan el distendido placer de la buena mesa en buena compañía, en la que se departe sobre los temas importantes de la vida y del momento, intercambiando ideas pero dejando tiempo para comentar también el vino que se sirve. La experiencia va haciendo cada día más preciosos esos momentos en los que el sumiller ofrece la primera copa a alguien con experiencia y conocimiento de los vinos, alguien que busca en el vino unas calidades que describe y comparte con sobriedad y buen gusto.

El protocolo del vino es algo íntimamente vinculado a su disfrute y a su apreciación, aunque, es cierto, también se han ido creando a su alrededor, por desconocimiento, actitudes y rituales huecos. Todos hemos sido testigos alguna vez de esas comidas de negocios en torno a vinos escogidos sólo para impactar por el derroche de su precio, comidas en las que los caldos pasan inadvertidos, o se sirven en la copa pequeña mientras el agua gana protagonismo en las grandes copas, más adecuadas para llenarse de los perfumes envolventes del vino, para potenciar un color rubí inigualable y para transmitir a nuestro paladar esos placeres que San Juan de la Cruz sólo sabía describir como carnales, aunque en realidad fueran incuestionablemente místicos.

Vemos el protocolo del vino como algo ligado al humanismo más profundo, al placer del arte en su esencia y a la música en su capacidad de ser lenguaje de los sentimientos, y tratamos de darlo a conocer a la juventud vertiginosa, llena de afanes y acosada por tantas posibilidades y ofertas. La cultura del vino ha de nacer en casa; no es algo de casta, pero bien podría serlo si así nos lo propusiéramos, si introdujéramos en su disfrute a la generación que viene detrás y a la siguiente. Repasemos con uno de nuestros nietos los apuntes del libro de nuestra cava privada, transmitámosle nuestros secretos y habremos hecho a la sociedad del futuro un aporte generoso y a la vez mágico y multiplicador del concepto de la buena vida con mayúscula, la de las pequeñas cosas y los maravillosos recuerdos.

La buena mesa y el mejor servicio es, junto con la creación artística, uno de esos rasgos que dignifican al hombre, a ese mismo hombre responsable de tanto daño y tanta ambición.

El vino no sólo ha sido el vehículo del desborde pasional; los egipcios y los griegos lo tuvieron en gran estima, ligándolo al señorío y a la calidad de vida, para ellos tan cercana a los dioses. Era aquél un vino sencillo, del año; sus caldos desconocían el añejamiento y debían ser consumidos pronto o terminaban corrompiéndose por oxidación o convirtiéndose en vinagre. Se dice, no obstante, que no sólo fueron ánforas de barro selladas con cera lo que usaron para su conservación y que algunos recipientes de vidrio circularon por los santuarios y fueron olvidados en algún rincón para reencontrarse, años después, con el hombre y descubrirle el arte del añejamiento producido al guardar el vino en un envase hermético y alejado de la luz.

El mercado imponía su ritmo y, a menudo, se cosechaba la uva verde para disponer de vino nuevo del que, más que el aroma y el sabor, se apreciaba su grado alcohólico, factor decisivo para su conservación y su dulzor, así como para lograr que fuera, además, un alimento eficaz en unos tiempos en los que comer bien era cosa sólo de bienestantes.

La sociedad romana fue, en cambio, más compleja respecto del vino; los caldos llegaban a la mesa en ánforas pequeñas después de un transvase desde las grandes ánforas en que se conservaba. Se han encontrado algunas botellas y algunos han visto en su imaginación de arqueólogo el alba de soluciones técnicas, como la botella en forma de balón con base de mimbre del Chianti. No encontramos en los autores referencias precisas a esos refinamientos en las mesas patricias, pero sí hallamos incontables recetas de mezclas con especias, fundamentalmente el clavo, destinado a darle potencia estimulante y a veces alucinógena. Creemos que esta moda estaba ligada a la conservación de los vinos, que se corrompían con facilidad en el cálido estío romano, y que simplemente aprovechaban sus enormes capacidades disolventes para encubrir su creciente acidez o los desagradables aromas que causaba la rápida oxidación. No todo fueron sofisticaciones con el vino en la Roma imperial; algunas colonias, sobre todo de las Galias, de las costas del Rin y del Ródano y de las colinas que miran al sur, desde los Cárpatos a Finisterre, y desde el Danubio a las arenas africanas, conocieron buenos vinos y aprendieron a valorarlos en su estado natural, apreciando su sequedad y el poco grado como virtudes que les permitían beber más y, tal vez, mejor. Estas gentes de los espesos bosques también supieron usar el vino como vehículo para la conservación de alimentos, y enriquecieron las mermeladas con el aroma del vino de su tierra, y la mesa con el placer de la conversación a la luz del fuego familiar donde nacieron las leyendas de un bosque encantado y mágico al que temían y del que vivían.

La sociedad de la Edad Media se parecía mucho a la nórdica en lo referente al vino; aislados y perseguidos por el hambre y las privaciones, se produjo un milagro inesperado: las temperaturas ascendieron lenta pero firmemente en el transcurso de una generación y los viñedos se extendieron aportando su dulzor para sosegar el hambre creciente de señores y aldeanos, en constante guerra contra los hombres y los mitos que llegaban del norte para corromper su paz y empobrecer su mesa.

La mejores cosechas permitieron criar más hijos y por tanto tener más soldados para la guerra haciendo a los señores más poderosos; la Iglesia, hasta entonces atomizada en mil cultos corruptos por los adelantos místicos del infiel, se fue arrimando lentamente al calor del hogar de los poderosos y se convirtió en su principal arma y acreedora. Los minúsculos cenobios familiares, donde se cultivaba el vino para sus liturgias más o menos heréticas y para escabullir parte de los impuestos al señor, fueron llamados a la disciplina de las grandes órdenes, y los jóvenes hubieron de integrarse en las cruzadas. Se celebraron con vino los grandes triunfos y con vino se estimularon las gestas y el saqueo de Atenas.

Toda la cristiandad liba por la gracia de Dios y el orden impuesto por la Iglesia; espada en mano, los señores se lavaban las heridas con vino y los soldados lo bebían para tragarse su última voluntad. Y llegaron los fracasos, Saladino y la caída de San Juan de Acre, y muchas otras cosas para ser lamentadas y olvidadas de nuevo gracias al vino, que salvó nuestras conciencias católicas y occidentales y a un buen puñado de jóvenes para dirigir un nuevo intento. El vino fue el brindis puntual, el bálsamo necesario y la sangre de Cristo de los ideales, el alimento en la desesperación y la lágrima en la alegría. Europa entera era un viñedo, gracias a Dios.

La cordura y el poderoso adversario devolvieron la vista de los señores a lo cotidiano y a los tesoros de su vecino, y esta vez, una vez más, fue la Iglesia la que se dedicó al vino porque la Sangre del Señor era ya algo definitivamente sagrado que merecía su mano rectora y su calculado talento. A la sombra de los arcos románicos y las filigranas góticas, el señorío libó nuevos caldos y bailó nuevas danzas mientras pagaba para que los monjes elevaran al cielo sus plegarias, envueltas en la monótona grandeza del gregoriano. Los señores brindaron por la paz, se reunieron para celebrar y eligieron al más sabio para darle a aquel tosco vino empleado en la celebración la suavidad del placer al mezclarlo con un poco de agua, como hace el sacerdote en la misa *in memoriam.*

Los monjes descubrieron los terroir, supieron de calidad, investigaron sobre el añejamiento que encontraron ponderado en algún poema en lengua copta, en sánscrito o en arameo, y descubrieron que era bueno, y criaron algunos grandes vinos para la gloria de Dios y el placer de sus armados señores, que cada día miraban con más codicia los oros de sus altares y sus generosas barrigas y sus bien labrados campos y sus posesiones, unos señores que, en Francia, se hicieron con sus tierras en un golpe de Estado magistral, con el que el rey de Francia, Carlos IX (Noche de san Bartolomé) decidió en una noche dar al César lo que era del César.

Grabado del siglo XVI que simboliza la gula. (Archivo Estense).

La larga lucha contra el infiel siguió consumiendo al populacho y volvió a unir a la Iglesia y al Estado en un mismo empeño colonizador y repoblador de las tierras ganadas para la fe; los monjes llevaron a los nuevos colonos y se crearon los burgos y mercados, donde el vino era protagonista en las tabernas, como en el viejo camino de Roma. El vino nuevo era recibido con alegría pagana y el vino viejo era despedido con los rigores de la cuaresma. Se descubrió que el infiel no era abstemio, y se comentó y se rió; se descubrió que el vino bien envejecido era maravilloso, y también se disfrutó y se rió, aunque únicamente en círculos señoriales y monacales, casi en secreto, sólo para los más cercanos al señor.

Los barriles circulaban en carretas por las viejas calzadas y Europa entera prosperaba al amparo de una paz frágil, pero que invierno tras invierno producía nuevos brazos para la posteridad y la guerra.

Repentinamente llegó la noticia, se habían descubierto nuevas tierras. Los portugueses y los españoles, que ha-bían descubierto algunas míticas islas cantadas por

Homero, llevaron allí sus viñedos; y las islas se hicieron enormes y los viñedos cruzaron el mar con los hombres mientras los señores contaban el oro que recibían.

La sociedades coloniales tenían nostalgia de los sabores de su tierra y por supuesto del vino, que comenzó a elaborarse para la exportación allende los mares mientras los viñedos se extendían y diversificaban. La taberna era el sitio del vino; los franceses la habían popularizado y los alemanes la dedicaron al vino en las cercanías de los grandes viñedos dejando a la cerveza reinar en las llanuras. Italia, mitad borbónica, era un paraíso de viñedos con una

Grabado sobre madera, del siglo XVIII*, que representa a unos mercaderes de vinos en el puerto de Oporto.*

creciente creatividad en el cultivo y la elaboración; nacían caldos famosos y Roma volvía a resplandecer como en los años de gloria a la sombra del Imperio, ahora representado por el Papado, que había regresado cargado de arte y refinamiento.

El mundo se hizo repentinamente más pequeño, todo estaba al alcance de un navío, los puertos adquirieron rápidamente protagonismo en la vida comercial del continente y el vino comenzó a bajar en barcazas mientras subían los barriles curados en las costas y en las islas cercanas. El roble dudaba entre su destino marinero y su pasión vitivinícola.

La sociedad europea contaba en oro, el oro de las colonias, y pagaba en productos de la tierra, en nostalgias, salazones y tejidos, a la sombra de un vino denso y alcohólico capaz de llegar con cierta decencia al otro lado del mar. La sociedad se civilizaba a golpe de revolución. Los comuneros de Castilla conmovieron al continente, luego llegaron las noticias de América del norte y, finalmente, a los sones de la Marsellesa, el pueblo se tomó la revancha: bebió el vino de sus señores y le gustó, le gustó tanto que apreció el poder y la gloria y comenzó a soñar con una sola Europa y con las libertades individuales, rescatando de la vieja Grecia una palabra, «democracia», que sería un fetiche y que se disolvería como los venenos medievales, en el vino, como si fuera la mismísima gloria.

En un monasterio, un monje descubrió las burbujas y con ello la alegría del refinamiento y aparecieron la botellas llenas de lodos que había que decantar con cara de sobrio mayordomo inglés; nuevamente un vino tomó la bandera de la alegría y se convirtió en el medio por el que una socie-

Con la aparición de la plaga de la filoxera, las viñas morían y el mundo se desesperó en un estremecimiento desolador. Los dioses parecían abandonarnos. Quizá habíamos pecado demasiado. Nos habíamos atrevido a ser libres y a disfrutar de la alegría, y el vino era el anatematizado. Muchos lloraron, muchos otros rezaron, y un pequeño núcleo de productores se puso a pensar y a buscar la solución contra la filoxera, los hongos y las plagas. El vino murió para renacer reforzado de la mano de nuevas técnicas de injerto. De hecho, la mayoría de las cepas actuales son plantas injertadas: las raíces son de plantas americanas (resistentes a las plagas) a las que se les han injertado las diferentes variedades viníferas.

dad llegó a expresarse. La alegría se popularizaba, el vino dejaba los toneles y se transportaba en botellas, aprendía a criarse y a envejecer de forma controlada y el mundo fue feliz algunos años, entre guerras, porque también se brindó para los tratados y las alianzas que lo asolaron.

El siglo XX fue un derroche de ingenio. Aprendimos a volar, a navegar bajo al agua, a subir a las estrellas, a controlar las plagas, a destruir la naturaleza, aunque con la esperanza de construir una nueva, y el vino acusó el golpe. El refinamiento, las buenas maneras y el estilo se fueron consolidando hasta darnos un panorama actual prometedor, en el que la sociedad del hombre vuelve a acercarse al vino y a las liturgias del buen vivir como quien vuelve a un amigo querido.

El refinamiento, las buenas maneras y el estilo se fueron consolidando hasta darnos un panorama actual prometedor, en el que la sociedad del hombre vuelve a acercarse al vino como quien vuelve a un amigo al que quiere mucho.

Hoy, el panorama del vino en el mundo es caleidoscópico. Se cultiva y produce vino en casi todos los climas y en una enorme variedad de suelos, no sólo desde el Atlántico a los Urales, en nuestro continente, sino también en la British Columbia canadiense, en los valles Central y de Napa en California, en las costas del Pacífico colombiano, en Arequipa (Perú), en Chile hasta latitudes altísimas y en geografías de alta montaña como en Salta (Argentina), donde se llegan a producir buenos blancos hasta a casi 2.000 metros de altitud. Oceanía, Sudáfrica, Australia y Nueva Zelanda poseen zonas vinícolas que cuentan en el panorama mundial extendiendo la sociedad del vino a dimensiones universales.

Comprar el vino

Los diferentes tipos de vino

Es necesario orientarnos en el complejo y variado mundo del vino. Por ello, vamos a sistematizar muy esquemáticamente los tipos de vino. Es una clasificación abierta y simple, pero que facilitará adentrarse en el resto del libro.

Los vinos generosos son aquellos elaborados con la adición de alcohol (encabezado) y un minucioso trasiego en barricas de roble. Durante muchos años, y gracias al mercado inglés, adquirieron un enorme prestigio, algo mermado hoy por las modas y una distinta concepción del arte del buen beber. Es conocida la tradición protocolaria de la Marina inglesa según la cual se hacen circular, siguiendo un estricto ritual, una botella de Jerez y otra de Madeira para que los oficiales se sirvan ofreciendo el brindis a su Majestad. Este ritual, sumado a un cierto romanticismo e indudablemente a la nostalgia, propició en las distintas sociedades actos de evidente mimetismo en los que los caballeros se reunían en su club a tomar un aperitivo antes de la cena. Estos vinos, fruto de un largo proceso de oxidación, nada tienen que ver con los sabores afrutados, y tal vez sea ésa la razón, además de la irrupción de la coctelería, de que hayan perdido cuota de mercado.

Los Oporto y los Marsala han seguido esta misma evolución, aunque mantienen un gran protagonismo en los protocolos diplomáticos de muchos países, y como ingrediente gastronómico para muchos platos.

Los vinos espumosos nacieron de la ingeniosa mano del monje Perignon, preocupado por solucionar el problema de calidad que le planteaban los vinos de su región. Fue la bebida predilecta de los momentos de expansión de la alta sociedad europea en los años de la luz y la alegría de finales del siglo XIX y comienzos del siglo XX, y se ha convertido lentamente en el protagonista por excelencia de las celebraciones. Hoy se brinda con cava, ya no sólo en fin de año y las fiestas familiares, también se comparte una botella en cualquier celebración menor o simplemente en un momento grato entre amigos.

Muchos caldos otrora dulces sufren hoy un proceso de fermentación adicional en grandes recipientes o directamente en las botellas, abriendo el mercado a una amplia gama de productos que tienen las burbujas como medio para trasmitir un instante de felicidad.

Los vinos blancos sin crianza son hoy, tal vez, los más apreciados en todo el mundo, aunque su origen centro y norteuropeo los hiciera conocidos y deseados ya desde hace muchos siglos. Su popularización actual es consecuencia directa de su más amplia producción gracias al proceso de fermentación controlada desarrollado por los productores californianos en los años sesenta. El mito de asociarlos automáticamente a las comidas basadas en el pescado los ha convertido en protagonistas de muchas mesas y en compañero inseparable del marisco. Son vinos secos, de sabor afrutado, que requieren una temperatura de servicio baja, lo que sumado a su relativamente baja graduación alcohólica los sitúa a mitad de camino entre las bebidas sin alcohol y el vino. Son apreciados por aquellos dispuestos a dejarse seducir por la magia del vino refrescante, con buen grado de acidez y un profundo aroma y sabor a uva madura.

Los blancos con crianza han ido extendiendo sus dominios de manera irrefrenable, acompañando la expansión de los viñedos de chardonnay y la fermentación y crianza en barricas de roble nuevo. La fermentación a temperatura controlada y las bodegas climatizadas le han abierto nuevas posibilidades y son tan estimados por su finura y delicadeza, que en muchas oportunidades logran desplazar a vinos tintos jóvenes y a otros ya con crianza. Son vinos muy apreciados para acompañar las ensaladas modernas, llenas de recursos gastronómicos y moderados contrastes. En Italia compiten abiertamente con los Grignolinos, tan apreciados para acompañar platos difíciles de maridar, como los que llevan vinagretas como aderezo.

Los vinos rosados y claretes están de capa caída y pierden mercado frente al empuje de vinos con tipologías más definidas. Durante muchos siglos, los claretes tuvieron gran predicamento en algunas regiones vinícolas de clima cálido y extensos viñedos, como La Mancha española, siendo protagonistas en las fiestas y recogiendo de su particular envasado en pellejos tratados con pez, un sabor acre y potente. Hoy, esa misma región castellana produce vinos tintos jóvenes al incorporar nuevas técnicas que sorprenden con calidades propias de vinos de regiones tradicionalmente más preciadas.

Los vinos tintos jóvenes son los más populares; muchos constituyen los denominados vinos de maceración carbónica. Son caldos con gran aroma y sabor a fruta. Son un *revival* de los que antaño se producían en La Rioja antes de que el mercado francés impusiera sus condiciones a la zona y le hiciera cambiar sus hábitos centenarios para elaborar sus uvas de la variedad tempranillo. Se han convertido en los vinos ligeros de las fiestas y su producción más representativa en España es la de los vinos de cosechero de La Rioja alavesa. No hay chato de vino en todo el norte peninsular que no conozca sus grandes dotes, y el «chiquiteo» de los vascos y navarros lo hace uno de los medios de comunicación social más apreciado por la juventud. En ese grupo se encuentra el Beaujolais Nouveau, que París y toda Francia espera, cada 20 de noviembre, en una de las más claras manifestaciones de afición popular y lealtad a sus propios sabores que un pueblo puede exteriorizar.

Producidos con el método de maceración pelicular (con los hollejos), hay magníficos productos en todo el mundo, incluyendo algunos que en sí mismos podrían constituir un grupo aparte y que son los que tienen una crianza corta. Conforman un universo enormemente diversificado en cada país, en función de la variedad de uva de la que provengan. Son los protagonistas de las barbacoas y las carnes a la brasa de miles de restaurantes regionales. En Italia, acompañan como ningún otro las pastas y los *risottos*.

Los grandes tintos de guarda son una galaxia aparte. Son los que modernamente guardamos en botella, aunque su nombre se refiere también a los que se guardan en barricas y que van siendo cada día los menos. Los grandes vinos se nutren de este grupo y en la sociedad actual son los amos del futuro en su escalón de mayor precio y prestigio. La evolución actual del mercado está haciendo desaparecer las añadas de varias décadas y aprecia más la guarda controlada y reducida a una decena de años. Por otro lado, el aficionado prefiere disfrutar del vino en plenitud de facultades y dar a conocer a sus amigos sus logros como coleccionista en un plazo más breve, que apostar a ver hasta qué edad es capaz de mejorar una cierta añada. Estos vinos, de sabor equilibrado entre fruta y madera, son los que a la larga le harán disfrutar de los mejores momentos y de ese instante de gloria cuando vea brillar de felicidad los ojos de los invitados que los prueban. Son vinos que van desarrollando con los años su potencial aromático, dan al paladar largos momentos de placer gracias a su potencia y complejidad, además de acompañar como ningún otro los grandes platos de las cocinas del mundo y, si usted es cazador, las mejores piezas....

Los vinos dulces son la víctima número uno de los tópicos; a saber, que engordan. Nada más lejos de la realidad; un vino dulce no necesariamente engorda, y mucho menos una maravilla como un Sauternes; ¿con qué vino se va a acompañar un buen *foie gras,* si no es con este caldo excepcional? De más está decir que los grandes vinos dulces de los viñedos de climas fríos, que usan la técnica de la «podredumbre noble» —que consiste en dejar que los afecte un hongo que concentra el azúcar y les da un especial sabor a bayas a unos vinos de poca y preciada producción artesanal, ideales para una sobremesa, como los moscateles y los grandes olorosos de las costas del Mediterráneo—, son vinos que redondean con su magia una velada con las mejores armonías.

El vino refleja como ningún otro elemento en la naturaleza nuestro espíritu y nuestras emociones.

Hay un momento en la relación del hombre con el vino capaz de superar la fascinación de la misma cata. Es el momento de la compra. Hasta hace pocos años, los mejores vinos eran sólo unos pocos, pero hoy la elección es más ardua. Antes, en las bodegas de confianza, el comerciante conocedor nos orientaba, nos enseñaba y, muchas veces, llegaba a compartir nuestra mesa a la hora de disfrutar de las novedades, o nos invitaba a la degustación de las añadas seleccionadas por él sugeridas. Hoy, al margen de estos pocos comerciantes responsables, todo está más despersonalizado. En los supermercados, con frecuencia, nos encontramos perdidos en una maraña de nuevos productos, marcas comerciales y atractivas ofertas. No obstante, algo hay de positivo en el progreso, y es que, sorprendentemente, no sólo el comercio minorista o la bodega original ofrecen hoy buenos productos.

Por arte de la globalización, todos tenemos acceso a caldos de insospechada calidad provenientes de zonas en las que antes sólo encontrábamos los tipismos de un vino sincero y voluntarioso. Las cadenas de especialistas, las vinotecas, los clubes del vino, internet y, sobre todo, las grandes superficies dominan el mercado y ofrecen un nuevo tipo de vino, fruto de modernas técnicas y de una constante expansión en calidad y originalidad, así como del trabajo de expertos dedicados a seleccionar calidad y precio directamente en los puntos de producción. Asimismo, debido a su elevado consumo, las grandes cadenas imponen en ocasiones los precios a los productores; de todas formas, estas prácticas no siempre son perjudiciales, ya que aseguran al bodeguero una cierta cantidad de venta segura, dejándole manos libres para el perfeccionamiento de los caldos.

El comprador está forzado a seguir el consejo del experto, pero ha de valorar con tino quién es un verdadero especialista y quién se aprovecha de las circunstancias para vender añadas especulativas y novedades de poca entidad. Desarrollar el conocimiento de los vinos y probarlos son las claves para no verse defraudado.

Este libro le permitirá formar su paladar y actualizar sus conocimientos para que alcance un alto grado de acierto a la hora de escoger o comprar un vino. El arte de la cata, por su parte, será objeto especial de otro libro.

Consejos valiosos para la compra

Asesórese: esté al día suscribiéndose o adquiriendo alguna revista especializada y consultando al profesional en la enoteca más próxima, en el restaurante o en las grandes superficies.

Elija sin prisas: lea la información que ofrecen las etiquetas y las contraetiquetas. Son una guía esencial.

Olvide prejuicios y tópicos: un vino extranjero no tiene por qué ser peor que uno europeo, ni todos los vinos de mesa son peores que los vinos con D. O.

Rechace los vinos sin añada: esta es una norma de oro.

Adquiera experiencia a través de los vinos jóvenes: tanto si se trata de vinos de consumo diario como de grandes tintos de guarda, procure comprarlos en cuanto aparecen en el mercado o, si puede, en la misma bodega productora. Las añadas jóvenes brindan buenas experiencias a buenos precios: cuidar estos vinos hasta que alcancen su momento de esplendor es una pasión casi siempre rentable, además de muy interesante.

Aproveche la variedad de opciones que le ofrece el mercado: evite comprar siempre las mismas añadas, renueve su bodega.

No compre vinos sin marca ni con etiquetas poco claras y con faltas que inducen a errores: carecer de esta información no sólo inducen a errores, sino que puede evidenciar el ocultamiento de las verdaderas características del vino.

Compruebe el corcho y la cápsula antes de comprar: rechace la botella si el corcho está manchado, si supera el cuello de la botella o si deforma la cápsula.

Compare precios: anote precios de distintos establecimientos y compárelos para tener una guía aproximada; este consejo será entendido por todos.

Dónde comprar

Visitar las bodegas productoras es la mejor manera de conocer los vinos y a sus autores en su propio terreno, una oportunidad para hacer preguntas y un excelente medio de conocer la filosofía de su elaboración. No todos los productores venden sus vinos directamente; cuando lo hacen, los precios pueden ser altos, semejantes o incluso más elevados que en la tienda.

Los cavistas o bodegueros minoristas ofrecen, entre otras ventajas, consejo profesional, una selección de las mejores marcas y garantías de buen almacenamiento.

Las grandes superficies tienen como ventaja que, por lo general, pueden ofrecer precios más bajos e interesantes promociones que aseguran una rotación rápida de sus vinos. Algunas ofrecen vinos de prestigio y una gama muy diversificada y disponen, a veces, de personal formado para asesorar a los clientes.

Pertenecer a un club proporciona importantes ventajas, sobre todo cuando se trata de centros de prestigio en los que beneficiarse de un asesoramiento profesional, de los descubrimientos que periódicamente realizan los expertos y de un buen servicio. Los clubes ofrecen también la posibilidad de visitar bodegas, realizar catas y excursiones enológicas que ampliarán sus conocimientos.

Las ferias dedicadas a la gastronomía y al vino son interesantes porque ofrecen la posibilidad de conocer a los bodegueros, degustar sus vinos y adquirirlos directamente.

El mundo de las subastas es muy complejo y especulativo y exige tener experiencia en preparar una adecuada estrategia de compra.

Comprar por internet no sólo hace más cómoda la elección, ya que no hemos de desplazarnos, sino que también da acceso a una gran cantidad de vinos, algunos de ellos un tanto exóticos y difíciles de encontrar en las tiendas. El precio suele ser similar a los de las tiendas especializadas, aunque sin la posibilidad de degustar antes de comprar y sin poder obtener el consejo personal del vendedor experto.

Consejos del experto

Una buena tienda de vinos
- cuenta con personal experto y ofrece mucha información,
- tiene una temperatura ambiente fresca y no está excesivamente iluminada,
- no tiene inconveniente en aconsejar vinos más baratos,
- organiza catas con regularidad,
- ofrece una selección tanto de vinos jóvenes como de crianza.

Una mala tienda de vinos
- no ofrece personal bien informado que dé consejos útiles,
- tiene las botellas de pie en los estantes,
- tiene personal insistente que busca hacerle comprar un vino más caro,
- sólo vende vinos muy comerciales y añadas especulativas.

Transportar el vino

Si atendemos a los restos arqueológicos del ingenio humano que ha conservado la literatura en el saber popular, la mitología y las leyendas, vemos que el vino ha caminado muchísimo a través de la historia. Sabemos que, pese a que los griegos hicieron una ponderada descripción de la creación del vino en la cueva de Nysa, en las manos de Dionisos, antes de llegar a ese magno día —en el que con seguridad se inventó la borrachera y la francachela con las nodrizas— «don»Zeus ya lo conocía de siglos precedentes. Aprendió a degustarlo en la China imperial, en la India misteriosa, acompañado de un sonsonete védico, y en las profundas meditaciones de Zoroastro, mientras contemplaba la fertilidad del Éufrates y comenzaba a soñar con Egipto, donde la Biblia judeocristiana se nutre de sus caldos a la sombra de los faraones y sus castas sacerdotales. ¡Miles de kilómetros! Aunque creemos que les debió resultar más fácil transportar los sarmientos que el vino, el cual se corrompía pronto o se evaporaba misteriosamente en manos de los guardianes. Lo cierto es que en las fiestas se bebía en abundancia. Hasta el mismo Jesucristo hizo su primer milagro coincidiendo con un sonado festejo (las bodas de Caná) en el que se había acabado el vino y se temía una «revuelta» de los invitados, ansiosos por brindar por la novia.

Todo parece indicar que, por entonces, el vino local no abastecía lo suficiente al pueblo, de manera que habían de traerlo de otras zonas. Para favorecer su transporte aparecieron los odres untados en diversos alquitranes y la terrible costumbre de pasteurizarlo por hervido y mediante la adición de todo tipo de arcillas y especias que, sin lugar a dudas, actuaban como desinfectante o retardador de una corrupción inevitable. También se concentraba por evaporación convirtiéndolo en una especie de melaza mas fácil de transportar porque, en definitiva, a la hora del servicio se diluía en agua, a gusto del dueño de casa o del tabernero.

Las bodas de Caná, *por Paolo Veronese (París, Museo del Louvre).*

Los egipcios, antes de ser romanizados, contaban con un rápido transporte gracias al Nilo. También sabemos, a través de un interesante bajorrelieve que aún se conserva, que disponían de potentes nubios para prensar, por torsión, las uvas depositadas en un lienzo, y hasta de un «jefe de coperos», como cita la Biblia en el Génesis. Todo indica que el servicio y el temor al envenenamiento ya iban disueltos en vino.

Los romanos, tan bien organizados, lo sistematizaron todo y por las carreteras trazadas para las legiones circulaban carros, odres, ánforas y los primitivos envases de los galos, donde el caldo adquiría un delicado aroma a madera que fue rápidamente apreciado, como se desprende de las restricciones impuestas a la producción de esas provincias en el primer intento proteccionista de la historia. El transporte se había perfeccionado, las viñas habían arraigado en maravillosos pagos y producían una delicada variedad de exquisiteces que el patricio pagaba y el populacho robaba, ambos cada vez que podían. El vino venía a Roma en carretones desde la Galia, en barco desde la Hispania y Cartago y en camello desde las entrañas del Asia Menor.

Noé para los semitas, Dionisos para los griegos y Baco para los romanos, siempre el vino tuvo su héroe y su dios que lo protegiera; también el pueblo estallaba en fiestas cuando el vino nuevo llegaba a las ciudades. Estas celebraciones del vino han pervivido hasta hoy, como en la fiesta anual por la llegada a París del Beaujolais Nouveau o las numerosas fiestas y festivales de la vendimia, e incluso en los festivales de teatro y hasta en los mismos carnavales.

Curiosamente, fue la Iglesia la que redujo tal expansión social del vino, consagrando lo que Domiciano había iniciado con su prohibición para contener el delirio alcohólico de sus acólitos, lo que no hizo sino impulsar el contrabando y el tráfico ilegal. Luego serían los mismos castos monasterios católicos, en la promiscua Edad Media, los productores de la sangre del Señor, y también sus transportistas y contrabandistas.

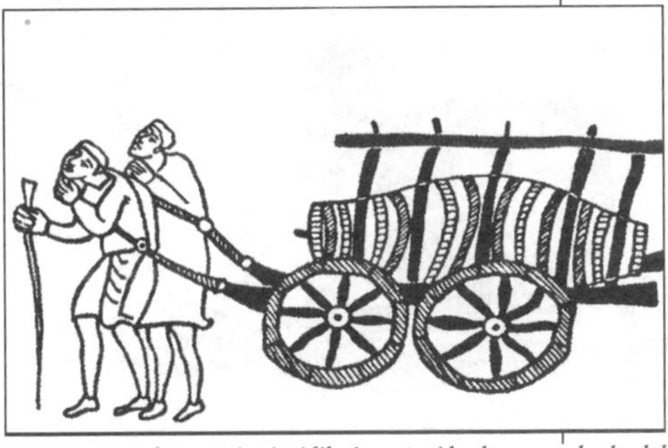

Transporte de una tinaja (dibujo extraído de un grabado del siglo XIX, Archivo Estense).

Por esos tiempos, los alquimistas contaban con el control de la producción del vidrio y habían logrado producir envases de mayor capacidad que los antiguos perfumeros y lagrimeros romanos. Ellos guardaron el vino, lo protegieron con tapones de cera y lo destilaron descubriendo su espíritu, el alcohol, usado junto con el vinagre —otro hijo del vino— como antiséptico y como compuesto para elaborar lociones y diversos preparados curativos.

Mientras el tinto de cada día era local y aguado, o especiado, el buen vino llegaba de viñas exóticas y de valles cubiertos por la niebla; acompañaba a los cruzados, se escanciaba en las cortes y bendecía bodas y tratados.

Durante el Renacimiento, el vino se transportaba libremente; los venecianos ya fabricaban botellas en sus talleres de Murano, que, aunque eran muy caras, se podían usar varias veces; su expansión permitió que el vino viajara mucho, muchísimo. El alcohol se producía clandestinamente, pero a algún monje medio alquimista y medio viñatero se le ocurrió encabezar los caldos, y así nacieron las primeras maravillas al amparo de la luz del sol y su poder oxidante tan singular sobre el vino. Sólo faltaba cruzar el mar para universalizar el comercio del vino, y para que los industriales pudieran producir botellas a miles; posteriormente, adoptado ya el corcho como cerramiento perfecto para la conservación, el vino viajó más que nunca. Muchas de las tierras adonde llegaron los conocimientos vinícolas y las cepas nos devolvieron después unos caldos excelentes que compitieron con los europeos.

Grabado que representa la manipulación de los barriles para su carga en los barcos (siglo XVIII, Archivo Estense).

Hoy sabemos que el vino se fatiga con el movimiento, sufre mucho con las vibraciones, pierde calidad y aromas con los cambios de temperatura, y color y cuerpo con la luz. Su transporte se realiza en camiones especiales, en bodegas cerradas, en contenedores refrigerados y al abrigo de la luz en botellas de color oscuro. Así, llegan los vinos puntualmente a la tienda de la esquina, al club, a la enoteca, al restaurante y a nuestra cava familiar, donde han de reposar un par de semanas para adaptarse y dar lo mejor de sí mismos.

Los mejores consejos para transportar el vino son, principalmente, procurar hacerlo en invierno y protegerlo de la luz y del calor excesivos. Conviene separar los vinos que han de consumirse jóvenes y los de guarda y, sobre todo, dejarlos reposar un par de semanas antes de consumirlos, o situarlos ya en su emplazamiento definitivo en la bodega, donde dormirán buscando la perfección. No hay que olvidar registrarlos en el libro de la bodega y también, si es posible, colgar en las botellas una etiqueta con los datos principales para no tener que recurrir a la memoria.

Si fuera factible, es siempre mejor transportarlo uno mismo desde la bodega original; no hay olvidar que hay restricciones legales para dicho transporte, aspecto a tener en cuenta si queremos evitar sorpresas desagradables en eventuales controles. La normativa europea permite el desplazamiento de hasta diez cajas entre dos países contiguos de la Unión Europea, lo que equivale a cien o ciento veinte botellas según los usos del país (hay países y bodegas cuyas cajas son de diez unidades).

Es aconsejable no hacer pilas altas con las cajas, tratar de situarlas todas en un mismo plano y, por supuesto, acostadas o con la boca hacia abajo. Hay que evitar dejar el coche con la carga al sol, y no hay fiarse del aire acondicionado pues, en general, no suele ser suficiente para contrarrestar el calor por radiación que entra por las ventanas. Es una buena idea cubrir el conjunto de cajas con una tela blanca y, si fuera posible, con muchos periódicos o un edredón de cama y luego una sábana blanca.

Cuando compre vinos y los lleve a casa en botellas sueltas, aproveche las horas menos calurosas y coloque las botellas en una nevera portátil de plástico, y acostadas. También puede usar una bolsa para congelados.

Si usted es amigo del trasiego de vino a granel, ha de tener especiales cuidados con su desplazamiento y buscar los días frescos del invierno; el mes de noviembre es muy adecuado ya que los metabolismos naturales se ven más ralentizados por la inminente llegada del invierno. Provéase de un recipiente limpio de vidrio oscuro, protéjalo especialmente de la luz y el calor del coche y, cuando llegue a casa, déjelo reposar unos días antes de incorporarlo a la bota o embotellarlo.

Es frecuente llevar vinos como regalo cuando nos invitan a una comida: no espere de un anfitrión experto que los abra para acompañar ninguno de los platos pues ya habrá dispuesto los vinos adecuados para regar las comidas a servir. Haga lo mismo en circunstancias recíprocas y si cree que quien le hace el obsequio no es muy experto, comente las ventajas de dejarlo reposar; hágale probar un vino similar de su propia bodega, de lo contrario, hay quienes considerarían su proceder como un agravio o una tacañería imperdonables.

Hoy bebemos vinos frescos que llegan del otro lado del mundo en perfectas condiciones de transporte y conservación: tome precauciones y seleccione el proveedor que le ofrezca todas las garantías. Estoy seguro de que, desde el Olimpo de las leyendas, muchos siglos nos contemplan con envidia.

La vinificación y la guarda de los vinos

El vino comienza a serlo desde el mismo momento en que se inicia su proceso de vinificación. Para entender cómo influyen los diferentes factores en la conservación del vino, es aconsejable conocer cómo se hace el vino. Hay, en esencia, dos tipos de vinificación en función del proceso y del producto que queremos obtener.

La vinificación de los blancos

Para elaborar vinos blancos, el prensado de la uva se realiza de forma progresiva; para ello, la prensa pneumática utiliza una membrana hinchable que va comprimiendo con suavidad y firmeza los racimos; el mosto así obtenido, denominado *flor* o *yema*, es fermentado aparte en muchos casos. Muchos elaboradores someten al conjunto de los mostos a un desfangado en frío destinado a separar los residuos sólidos e impurezas por decantación o gravedad. Luego es depositado en tanques de acero inoxidable refrigerados a temperaturas entre 17 y 20 ºC.

En la Borgoña y otras zonas vinícolas del mundo se fermentan las uvas chardonnay directamente en barricas de roble; controlan así la temperatura de fermentación en pequeñas cantidades y de manera artesana y reciben un rico aporte aromático de la madera nueva o seminueva, superior al que da el contacto en una crianza posterior a la fermentación. Este proceso se aplica en general a las mejores producciones de vinos blancos del mundo. Finalizada la fermentación alcohólica, en los vinos blancos septentrionales se realiza también de forma total o parcial una fermentación denominada maloláctica, destinada a reducir la cantidad de ácido málico y convertirlo en ácido láctico, con lo que el grado de acidez del vino se reduce notablemente y se obtiene un mejor paladar. Algunos vinos son sometidos luego a una crianza más o menos larga en botas de roble para redondear sus sabores y potenciar su estructura.

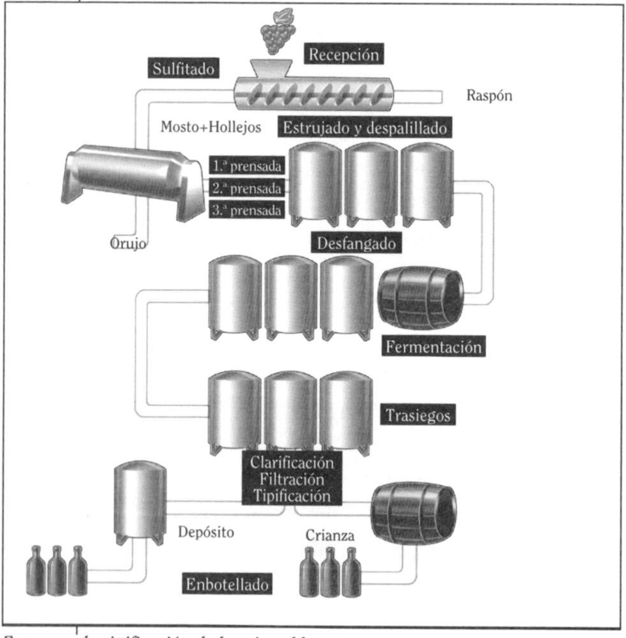

Esquema de vinificación de los vinos blancos.

La vinificación de los tintos

La manera de elaborar los tintos difiere de la anterior en que busca obtener de los hollejos y pieles de la uva sus

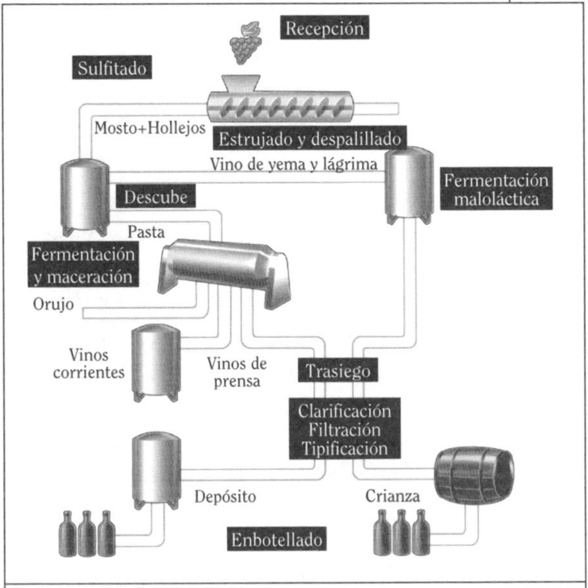

Esquema de vinificación de los vinos tintos.

característicos aroma y color por medio de la maceración. Para ello se aprovechan las características disolventes que presenta el propio mosto.

Para la mayor parte de los vinos que se consumirán jóvenes y que se preparan para ser bebidos dentro del año de su vendimia, los racimos se introducen enteros en el tanque de fermentación. De este proceso, denominado maceración carbónica, nacen los Beaujolais Nouveau y todos los vinos riojanos de cosechero. Son vinos afrutados, propiedad que se pierde rápidamente por lo que no son aptos para la guarda.

Para la mayoría de los vinos tintos destinados a la crianza se procede al despalillado, con el objeto de retirar la parte leñosa de los racimos. Para los vinos de calidad media se estrujan las uvas, es decir, se rompen los granos antes de ser llevados al tanque de fermentación.

La fermentación en el tanque se realiza a temperatura controlada, entre los 25 y 30 ºC. A fin de mejorar el proceso de extracción de los aromas y los colores de los hollejos, se procede con frecuencia al remontado, técnica que consiste en recoger por bombeo el vino de la base del tanque y regarlo sobre el sombrero, es decir, sobre las pepitas, los hollejos y otras partes sólidas que flotan sobre la masa, lo cual favorece la maceración, proceso fundamental para mejorar la calidad del vino. Este etapa puede prolongarse hasta unas seis semanas en los vinos de mayor calidad, que han de ser criados luego en barricas de roble.

Una vez terminado el proceso se realiza el descube, en el que se obtiene por gravedad alrededor de un 80 % del vino (yema); el restante 15 % se obtiene prensando el sombrero en una prensa neumática. La merma durante las operaciones puede llegar al 5 %. Este vino no tiene por qué ser de menor calidad que la yema y, en general, se mezcla con el resto, aunque hay quien lo envasa aparte.

La vinificación de los espumosos

Existen diferentes métodos de elaboración de los vinos espumosos. A continuació se explican con detalle cada uno de ellos.

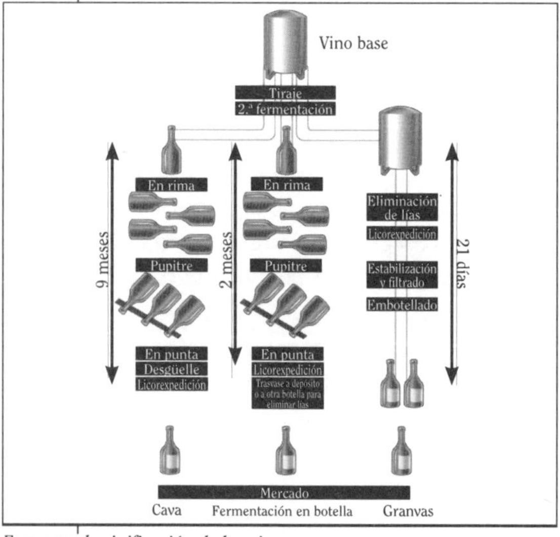

Esquema de vinificación de los vinos espumosos.

Método tradicional o champenoise. Es el clásico del Dom Perignon, denominado *méthode champenoise* en su región de origen, utilizado preferentemente en la elaboración de los *champagne* y, por extensión, de los cavas españoles y en todos los otros vinos que en cada país se han aproximado al clásico vino francés y que, por exigencias de la normativa de la Unión Europea, han tenido que encontrar una denominación original que los caracterice. Personalmente, creemos que el nombre de *cava* ha sido un acierto comercial y hoy se le conoce en todo el mundo como un vino muy personal y con unas características propias de calidad. Su técnica de elaboración es compleja pero fruto de una gran imaginación y habilidad enológica. Sobre la base de un buen vino joven o criado (según la calidad que se pretenda elaborar) se realiza el *tiraje,* que es la adición de un compuesto de azúcar, levaduras y clarificante en una solución de vino. Luego se taponan las botellas y se inicia una segunda fermentación en posición horizontal en lo que se denomina *rimas.* Esta fermentación ha de producirse durante un periodo legal de nueve meses; este periodo incluye una crianza en las mismas *lías* o *heces,* que es el depósito que va generando la misma fermentación, y que es responsable, en gran medida, de las características aromáticas del producto. Tras esta crianza, las botellas se van levantando en pupitres hasta ponerlas en posición vertical, con el tapón hacia abajo, para concentrar estos depósitos de las lías junto al tapón. Luego se procede al degüello, que consiste en quitar el tapón y con él las lías, quedando el vino limpio. Se le agrega un *licor de expedición,* que es una mezcla de vino y azúcares destinado a reponer el volumen perdido en la operación y dotar al producto final del grado de azúcar residual deseado.

El cava español ha de proceder de un grupo de municipios determinados de las provincias de Gerona, Barcelona, Tarragona, Álava y La Rioja, a los que se le han sumado los de Almendralejo en Badajoz, y Requena en Valencia, en virtud de la Orden del 14 de noviembre de 1991.

La reglamentación permite, asimismo, la denominación de «Gran Reserva» cuando entre el tiraje y el degüello medien al menos 30 meses.

Método tranfer. En este proceso, la segunda fermentación también se produce en botellas, sin embargo las lías se han transvasado a otras botellas a través de depósitos intermedios. La duración del proceso ha de ser en total de nueve meses, dentro de los cuales al menos 60 días deben estar dedicados al contacto con las lías.

Método granvás (o Gran Vas, también llamado Charmat). En este caso la segunda fermentación se realiza en grandes depósitos cerrados, desde los cuales se eliminan las lías y se embotella el vino; el proceso ha de durar aproximadamente seis meses y el contacto con las lías ha de ser de al menos 80 días. Es el método de elaboración predilecto para los Sekt alemanes.

La crianza

En general, los grandes vinos pasan un periodo intermedio entre la fermentación y el encubado en barricas de roble, el tiempo puede ser de algunas horas o pocos días en los blancos, hasta meses y años en los tintos más elaborados. Las barricas pueden tener una capacidad suficiente para dar unas trescientas botellas de vino finales, aunque hay bodegas que prefieren su propia medida.

Trasiego del vino santo, miniatura siglo XVI. *(Archivo Estense).*

La madera empleada es, por lo general, de dos tipos: el denominado roble francés, que lo es también español, portugués o italiano, de poro menor y que da al vino una mayor delicadeza, y el roble americano de Missouri, algo más basto y que da más potencia tánica a los caldos.

El proceso en la barrica aporta estabilidad al vino y hace que los posos se precipiten, lo cual proporciona una mayor limpidez al producto final al reducirse el traumático filtrado que castiga al vino y elimina parte de sus aromas. La barrica aporta al vino los taninos de la madera y la complejidad aromática; son los aromas a especias, ahumados, vainilla, etc. que describe el catador.

La porosidad de la barrica permite una suave oxidación, que mejora la coloración y suaviza el sabor del ácido tánico favoreciendo su calidad y preparándolo para su posterior envasado en botella.

En las producciones de vinos chilenos, y en los argentinos de Cafayate, se obtiene parte de estos efectos mediante la adición de duelas nuevas al tanque de fermentación, con bastante buen resultado; esta práctica, que se va haciendo frecuente en ultramar, no está autorizada en la Unión Europea.

El proceso siguiente es la clarificación mediante albúmina de huevo, que arrastra y deposita en el fondo del tanque las impurezas que restan en suspensión. En el caso de los blancos se suele emplear con el mismo fin una arcilla muy fina llamada bentonita.

Los procesos de filtrado, cada vez menos prestigiosos, son prácticamente abandonados en el caso de los vinos jóvenes que han de competir en un mercado cada vez más exigente y en el que los aromas frutales son clave.

La crianza en botella en las bodegas es una práctica que se va perdiendo pues la tendencia del mercado se orienta a potenciar la crianza individual por los propios consumidores en su propia bodega.

Cuando uno se decide a tener una selección de vinos en casa, ha de programarlo con un poco de cuidado para no encontrarse luego con sorpresas desagradables. Para ello es necesario hacer una buena reflexión, teniendo en cuenta sobre todo el espacio disponible y analizando con mucha calma cuáles son las condiciones del sitio previsto y la capacidad de controlarlo para mantenerlo siempre y estrictamente como cava de vinos y evitar que poco a poco se convierta en depósito de trastos viejos.

Es muy lamentable ver cavas, magníficamente preparadas llenas de viejas bicicletas y de las inevitables maletas que dejan en la casa paterna los hijos al emanciparse; es especialmente perjudicial para el vino estar rodeado de disolventes, pinturas y materiales para la limpieza del hogar, así como de congeladores u otros aparatos que causen vibraciones, cambios de temperatura, humedad y, sobre todo, luz. El vino ha de estar a oscuras y una simple bombilla será suficiente para toda la bodega.

Como se desprende del comentario anterior, si dispone en su casa de un espacio de nueva construcción destinado a la bodega ha de procurar que esté en la parte baja del edificio. Es recomendable situarla por debajo del nivel del suelo, ya que de esta manera se encuentra protegida de los cambios de temperatura y la humedad ambiente puede ser mayor; lo ideal es por encima del 80 %, aunque hay magníficas cavas con algo menos de humedad, pero con temperatura estable entre los 5 y 18 ºC. La estabilidad de la temperatura es fundamental; sería conveniente controlar el recinto durante las dos estaciones más extremas, invierno y verano, para determinar en un registro cuáles son las oscilaciones que se producen naturalmente y proceder a aislarlo convenientemente. En caso necesario, el vino se puede adaptar al cambio lento pero nunca al cambio súbito de la temperatura. Las temperaturas por encima de 15 ºC aceleran los procesos y acortan por tanto el periodo de guarda, el vino se fatiga y evoluciona mal; asimismo, una humedad muy baja perjudica los corchos y con ello, directamente, al vino. Hoy existen magníficos aglomerados de corcho que no sólo aíslan muy bien sino que además dan texturas de piedra o madera a las paredes, contribuyendo al encanto de la bodega.

La cava en casa

Supongamos que dispone ya del recinto ideal, que ha podido aislarlo en algunos puntos, que no tiene ventanas directas al exterior, que se ha asegurado una suave pero efectiva ventilación, que la humedad se pueda mantener constante —a veces gracias al mojado de la grava volcánica que ha esparcido por el suelo—, que además tiene una buena puerta y ha conseguido el consenso familiar para dejarlo al margen del natural crecimiento de los objetos a guardar.

Ha llegado el momento de decidir si va a tener algún barril. Decorativamente, es muy bonito tenerlos, aunque desde el punto de vista de los vinos le recomendamos no meterse en un asunto tan complejo. Comprar caldos a granel no le asegurará un vino de calidad pues generalmente el mejor vino se embotella; claro que si usted es un privilegiado amigo de un cosechero de la Ribera del Duero que le ofrece llenarle una buena damajuana no lo desprecie, pero tampoco piense en criarlo; aproveche esa oportunidad excepcional y embotéllelo pronto para consumirlo dentro de los siguientes tres a seis meses.

El vino en botas requiere de un cuidado muy profesional; ha de controlarse mucho y los barriles suelen terminar convirtiéndose irremediablemente en fábricas de vinagre, eso sí, un vinagre excelente. Salvo algún vino generoso, algún brandy en botas pequeñas que se va enriqueciendo con el contacto de las madres y siempre con niveles que superen el cincuenta por ciento de la barrica —lo que le obligará a constantes rellenados—, el resto es complicarse innecesariamente la vida.

La cava para vinos embotellados deberá disponer de un sistema de anaqueles o estantes que permitan guardar el vino. La medida ideal de la compra de cada tipo de vino es una caja, diez o doce botellas, según el país o la región; ello le permitirá ir disfrutando de un vino y disponer de unas cuantas botellas para guarda si fuera el caso.

El vino ha de conservarse acostado para que el líquido embeba el corcho y lo mejor es que las botellas no se toquen entre sí; en el mercado hay distintos tipos de estantes ya prefabricados para vinos, aunque siempre puede construirlos usted mismo si es hábil y le gusta disfrutar del bricolaje doméstico. En este último caso, puede hacer un diseño romboidal que resulta muy bonito, o simplemente anaqueles en el que quepan más de doce botellas.

Distintos sistemas de anaqueles o estantes para guardar el vino en una cava doméstica.

Hay que dejar también un espacio especial para las botellas «Magnum» (normalmente, de 1,5 litros), que cada día se aprecian más por su gran capacidad de aumentar el tiempo de guarda de un vino. Lo ideal sería comprar una caja y un par de botellas Magnum de cada vino. Hay que tener en cuenta que las botellas de medio litro, si el proveedor las ofrece, permiten disfrutar de una copa de vino y controlar la evolución del mismo, por lo que también han de tener su sitio.

Las botellas no han de limpiarse para no agitar su contenido, pero el conjunto ha de ser pulcro y aseado, sin depósitos excesivos de polvo ni excesivos mohos que pudieran llegar a perjudicar los tapones de corcho. Si la bodega es muy húmeda y el moho lo invade todo, ha de controlar la ventilación y, si fuera necesario, forzarla mecánicamente sin que ello signifique aceptar ningún tipo de vibraciones: el vino ha de reposar.

Aunque las botellas más corrientes son las de 3/4 de l. y las Magnum, de 1,5 l., también existen de más capacidad; son éstas: Jeroboam (3 l.); Rehoboam (4,5 l.); Mathusalem (6 l.); Salmanazar (9 l.); Balthazar (12 l.); Nabuchodonosor (15 l.).

Ya tiene usted bodega. Claro que, si tiene usted un piso y poco espacio, podrá disfrutar igualmente del placer de la guarda con uno de los modernos armarios-bodega climatizados, que le permitirán, según su presupuesto, conservar y envejecer desde cincuenta hasta quinientas botellas. Algunos son tan sofisticados que permiten diferentes temperaturas para los distintos vinos y disponen de una cámara con gases inertes para las botellas ya abiertas y el disfrute del vino copa a copa.

Es conveniente insistir en la iluminación, que ha de ser mínima, y en el orden, que ha de ser inquebrantable. Otro de los aspectos que ha de tenerse en cuenta dentro del ámbito del orden es el libro de la bodega; en él se han de recoger todos los movimientos de la colección, las adquisiciones, los consumos y las visitas que uno desee recordar. Recuerde que en la bodega se puede probar un vino con un par de amigos y a veces, como excepción, comer un poco de algún queso o de un buen fiambre; pero no deberán hacerse celebraciones ni recibirse visitas multitudinarias: la bodega ha de cuidarse como un sitio de características casi religiosas, como un santuario privado en donde duerme nuestro vino.

Antes de salir a comprar vinos ha de tener en cuenta que las dimensiones de su colección han de ser las de su consumo, pues sólo un gran hotel o un restaurante importante pueden disponer de una cava con una amplia gama; además, ha de ir aprendiendo con la misma evolución de sus vinos. Haga una lista aproximada de los consumos habituales, las celebraciones, los regalos, etc. y cuantifique el consumo de sus vinos en los últimos dos o tres años para obtener un promedio razonable, califique su calidad y corrija este registro según sus expectativas y deseos: obtendrá una lista muy adecuada a su propia realidad como consumidor. Luego adicione una cantidad aproximada a un 30 % para la guarda y ajústese a ese plan de adquisiciones. Llegue al vino con modestia, dispuesto a aprender y a aceptar las sugerencias de los profesionales con los que pueda departir y procure no desaprovechar la oportunidad de intercambiar algunas palabras con el sumiller de algún prestigioso restaurante que tenga la ocasión de visitar, de él obtendrá las más generosas y autorizadas recomendaciones.

Para organizar la cava la manera más práctica de disponer los vinos es en función del tiempo probable de conservación de los mismos, siempre teniendo en cuenta que los tiempos de guarda dependen de una amplia gama de circunstancias entre las que están la añada y las condiciones de transporte, además de muchos otros aspectos que se escapan a nuestro control.

El vino es mejor cuando se conoce y se aplica ese conocimiento para determinar el punto alto de su evolución; el vino es un producto vivo en permanente transformación y conocerlo es fundamental para quien pretende disponer de una buena cava.

En la sección de los vinos para beber pronto ha de disponer la mayoría de los blancos y rosados y la totalidad de los vinos espumosos, que ya están en su punto alto de calidad cuando se adquieren.

También a este sector más a mano de su bodega han de ir a parar todos los tintos sin crianza y los vinos de maceración carbónica. No hay que fruncir el ceño por esta indicación: a esta parte irán a parar los mejores blancos españoles, casi todos los italianos, los vinos maduros portugueses, los vinos alemanes (excepto los denominados QmP, de elaboración clásica) y suizos y algunas de las más maravillosas adquisiciones del Nuevo Mundo. Estos vinos deben ser renovados continuamente; en realidad, lo mejor es no comprar más de lo que se consume en unos tres o cuatro meses.

La guarda pormenorizada de estos vinos sería más o menos la siguiente: los alsacianos no más de un año en la bodega, al igual que los Côtes du Rhône, los cavas y champagnes, los Cabernet Sauvignon, Torrontés argentino, Sauvignon chilenos y californianos, los finos y amontillados andaluces, los Montecarlo y Chianti bianco de Toscana y Orvieto, los Proseccos del Alto Adige y la mayoría de los vinos del Loira.

Muchos tintos y algunos blancos deberán ir a una sección intermedia destinada a vinos que durante el primer año no alcanzan su punto culminante y que ganarían considerablemente con una guarda de un año; en esta sección podemos acomodar los Riesling y algunos alsacianos, Borgoñas elaborados con Chardonnay y los Sauvignon blanc de Burdeos, muchos Sauvignon blanc del Penedés y muchos de los famosos blancos de Rueda. Los vinos de crianza españoles y los vinos del Gaia, especialmente los Barbarescos jóvenes.

En la sección de los vinos de guarda debemos destacar al menos un par de secciones, o mejor tres. Una para los vinos que conservaremos entre los 3 y 5 años, en la que iremos acomodando con especial atención vinos algo más ácidos y con un poco más de grado alcohólico que permitirán una evolución más larga: los Chardonnay de California, el resto de los Chardonnay, los Borgoña, los tintos de Côtes du Rhône, los Chardonnay fermentados en madera, como los del Penedés, la gran mayoría de los reservas producidos en España, los vinos Riserva toscanos, el Chianti clásico, los Barbarescos Riserva, la mayoría de los Lambruscos Riserva, los Cabernet Sauvignon del Nuevo Mundo y, en general, todo vino que haya sido criado embotellado y sea fruto de una reserva en la misma bodega de origen.

En la parte más selecta de nuestra cava deberemos habilitar dos secciones, una para los blancos de larga duración como son los vinos de Jerez, los Montilla, los Málaga, las vendimias especiales de Alsacia, algunos vinos especiales producidos con Riesling, el Sauternes y el Tokay Esencia húngaro, calificados como grandes blancos.

Y, finalmente, un «sanctasanctórum» de especialísima atención, el sitio más oscuro, mejor dotado y con mayor paz para los grandes tintos, esos vinos para las grandes ocasiones y los platos especiales: los Côte de Nuits de Borgoña, los Médoc y Pomerol (Libournais) de Burdeos, los notables ChâteauNeuf-du-Pape (Côtes du Rhône), los mejores Cabernet Sauvignon, el Viña Undurraga de Chile, los Toro Viejo argentinos, los Barbarescos del Gaia, los Riojas Gran Reserva, los Ribera del Duero Gran Reserva, algún Brunello y algunas botellas de buen Oporto y buen Madeira para degustar con una grata conversación a la luz de la chimenea, en un atardecer de invierno y con la compañía adecuada.

Para conservar en buen estado las etiquetas de los vinos que se guardan mucho tiempo se les puede dar una pincelada de barniz de gelatina alimentaria. Los corchos suelen ir deteriorándose con el tiempo; en previsión de este problema es conveniente proceder al reencorchado de las botellas cada diez o doce años. Es una operación especialmente delicada que ha de hacerse, al menos las primeras veces, con la ayuda de alguien que tenga experiencia. Se trata de una acción muy rápida en la que se extrae el corcho y se sustituye por uno nuevo —que haya sido previamente hinchado en agua caliente, enfriado y protegido con una capa de parafina muy ligera— después del rellenado de la merma que se hubiere producido, para lo que hay que sacrificar una botella, procediendo finalmente a la colocación de una nueva cápsula para proteger el corcho.

Todas estas operaciones deben estar debidamente recogidas en el libro de la bodega que será también un gran referente a la hora de comentar, ya en la mesa, la historia y contingencias del envejecimiento de los caldos que se ofrecen a los invitados.

En este libro se deben consignar las catas que periódicamente ha de hacer de sus vinos; en los primeros tiempos, si le es posible, puede invitar a algún experto que le ayudará a evaluar si su vino se encuentra aún en evolución o si ya ha llegado al cenit y, con ello, al tiempo ideal para su consumo. En general, esta evolución necesita unos cuatro o cinco años para luego estabilizarse durante un periodo similar, aunque es preciso tener en cuenta que no sólo cada añada es diferente sino que también lo es cada una de las botellas.

No olvide sincerarse con su libro, recoger los comentarios y, sobre todo, el resultado de los maridajes que resulten con los diferentes platos, la memoria es frágil y agradece los gratos recuerdos.

Hoy existen bodegas modulares que se instalan en los jardines: una máquina con un gran barreno hace un agujero cilíndrico de amplio diámetro y dentro se coloca una unidad de cemento que contiene en su interior una completa bodega montada sobre la base de una escalera de caracol, con anaqueles de todo tipo a lo largo de su recorrido hacia la profundidad. Este tipo de bodega puede ser muy útil, pero siempre obliga a prestarle mucha atención. La bodega es una amante carísima y poco agradecida que nos traiciona con frecuencia y nos sorprende de vez en cuando con algunas maravillas. A quien tenga que adaptarse a un piso o apartamento y lea estas líneas con una sensación de desazón, le volvemos a recordar los magníficos armarios bodega en los que podrá tener, en similares o tal vez mejores condiciones que aquel amigo que goza de su propia cava, una muy depurada selección de vinos en perfectas condiciones y a punto para ser disfrutados.

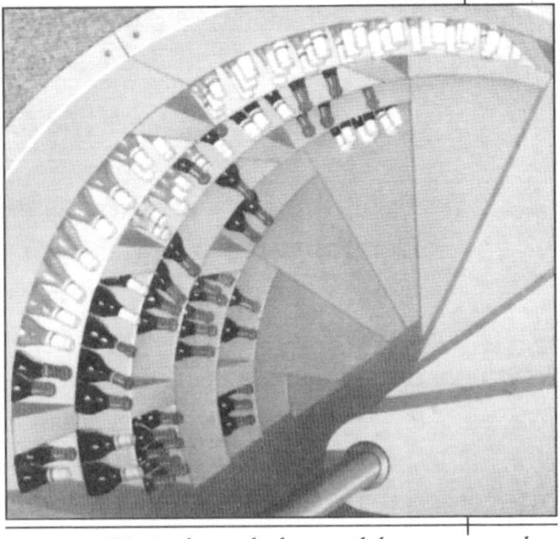

Diseño de una bodega modular en una escalera de caracol.

Para la selección de los vinos se han de tener en cuenta algunas premisas que le ayudarán a disfrutar más y a no verse sorprendido por la dura realidad. Los vinos blancos que no han sido elaborados con crianza en barricas de madera deben consumirse jóvenes; no obstante, algunos vinos elaborados con la variedad Riesling pueden mejorar en la botella durante poco más de un par de años.

Los tintos jóvenes de cosecheros, los Côtes du Rhône o Beaujolais, son vinos sin crianza no destinados a la guarda y han de consumirse dentro del año de su vendimia.

Lo mismo sucede con los espumantes, los «prosecos» y otros vinos de fermentación carbónica natural o estimulada.

Lo mejor es asegurarse comprando vinos de lenta evolución; esto le proporcionará una larga capacidad de guarda con la garantía de su evolución positiva.

El libro de registro de la bodega

Llevar un registro de nuestras existencias y de todos los movimientos que se produzcan en nuestra bodega por compra o consumo es una buena contribución al éxito y nos reportará grandes ventajas: mantener nuestra bodega al día, evitar perder información esencial cuando la humedad y el paso del tiempo hagan ilegibles o provoquen que se despeguen las etiquetas haciendo caer las buenas botellas en el anonimato, o guardar datos que siempre nos serán útiles y de interés.

Podemos utilizar un cuaderno que organizaremos en fichas para anotar toda la información necesaria: el nombre del vino, la cosecha, el tipo de vino, la procedencia o denominación de origen, tipo y cantidad de botellas, el nombre del productor o de la bodega, la fecha y lugar en que lo adquirimos, el precio. A estos datos básicos agregaremos puntualmente lo que vayamos consumiendo y la fecha, para saber en todo momento las cantidades que nos restan, los comentarios de las degustaciones y las notas sobre los platos a los que acompañaron y su resultado.

Para hacer un aprovechamiento óptimo de nuestra bodega consumiendo los vinos en su mejor momento, es conveniente anotar también en el libro cuál es el periodo aconsejado para consumirlo, así como la evaluación de expertos acerca de su calidad.

También es necesario anotar la ubicación de las botellas en la bodega, para lo que previamente procederemos a etiquetar e identificar los distintos casilleros, estantes y compartimentos. Para localizar fácilmente vinos determinados siempre que los busquemos, nos resultará además muy útil utilizar algún tipo de etiquetado en las botellas —las fichas pendientes de un hilo en cada grupo son muy útiles— y dibujar al comienzo de nuestro libro o cuaderno un simple plano de la bodega.

Llevar el libro de la bodega no es una práctica complicada ni se requiere ser un entendido o una persona exageradamente minuciosa, basta con ser un buen aficionado a la buena mesa y disfrutar de la cultura del vino.

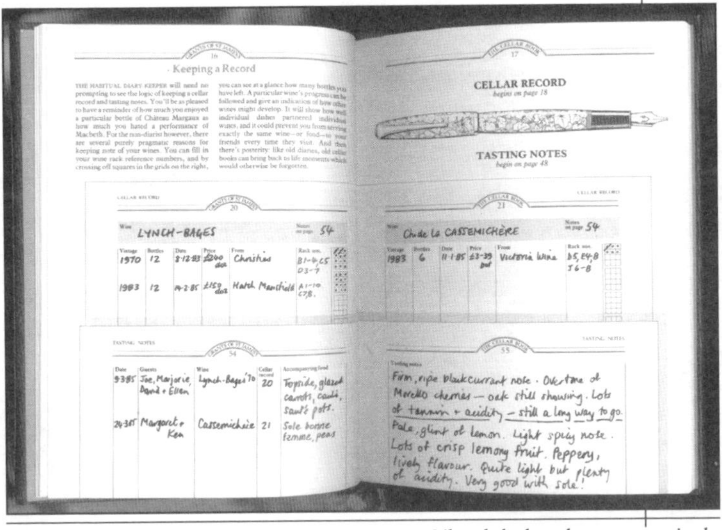

Libro de bodega de una cava privada.

Reconocer el buen vino

Tal vez el paso más complejo sea el de la selección, no sólo para el gran sumiller sino también para el profano que se acerca a una nueva afición, la creación de una bodega personal o, simplemente, al consumo inteligente en el restaurante. Si partimos del axioma según el cual lo más aconsejable es comprar vino embotellado, hemos de tener en cuenta cuáles son las premisas elementales y los aspectos a considerar para valorar el producto.

Reglas de oro para escoger y comprar vinos

- Hemos de procurar no comprar nunca una sola botella; lo mejor es una caja del vino que vamos a adquirir; es importante, sobre todo, insistir en probarlo antes de decidir.
- Leer minuciosamente el etiquetado de la botella, que puede ser múltiple o sumamente simple pero que, en definitiva, es el medio de comunicación del elaborador con su cliente; si el cliente no conoce los códigos que impone el mercado para esta comunicación, ésta se interrumpe irremediablemente y para el productor entraña el mayor de los fracasos,

porque no llegará nunca a despertar su atención y a «venderle» el producto. Por otra parte, el comprador tal vez haya perdido la oportunidad de conocer esa primicia con la que sueña desde sus primeros escarceos en el mundo del vino.

Los vinos y sus etiquetas

Cómo leer e interpretar la etiqueta

Para su conocimiento repasaremos todos los aspectos que puede ofrecer el texto de las etiquetas de las botellas de vino. La información que proporcionan aumentan la información del cliente, y aunque los conceptos en esta materia a veces se solapan o se diluyen en los otros, aquí trataremos de exponerlos estructuradamente para facilitar su aprendizaje y su rápida aplicación tras una rápida lectura.

Etiqueta frontal de un vino tinto reserva de Ribera del Duero.

La etiqueta es un elemento obligatorio para identificar todo producto vitivinícola que se comercialice en envases inferiores a los 60 litros, los envases de superior capacidad no están obligados a llevarla, pero, si lo hacen, deberán cumplir con todos los requisitos que marcan las regulaciones europeas (o de cada país) en materia de información al consumidor; en España la regulación la establece el Real Decreto 157/88 del 22 de febrero, así como una amplia gama de legislaciones locales y autonómicas, además de los usos de los entes reguladores de las respectivas denominaciones de origen.

El reglamento de la Unión Europea 2392/89 califica de etiquetado «al conjunto de designaciones, menciones, signos, ilustraciones o marcas que caracterizan un producto y figuran sobre el propio envase, así como al dispositivo de cierre o etiquetas colgantes»; por consiguiente, hemos de atender al conjunto de elementos que se encuentran adheridos a la botella y a todas las inscripciones, tanto en la etiqueta en sí como en la contraetiqueta, collarín, inscripciones directas en el envase o en la cápsula.

La etiqueta debe tener por ley* las siguientes indicaciones:

- El nombre o razón social de la firma que embotelle o comercialice el producto.
- El número de registro del embotellador o de quien lo ha envasado.
- La región de la que procede el producto, con especial mención de la denominación de origen o región inmediatamente por debajo de la D. O. determinada, siendo en todo caso su cuerpo gráfico inferior a ésta.
- La cifra relativa al grado alcohólico, seguida de la indicación «% vol.», que puede estar precedida de las indicaciones «grado alcohólico» o «alcohol adquirido».
- El contenido del envase irá indicado en cifras seguidas de la correspondiente unidad de volumen.

* Esta normativa corresponde específicamente a vinos de calidad y fue regulada por la UE a partir del 1 de mayo de 1988 mediante el Reglamento 1625/86.

La etiqueta puede, además, contener una serie de informaciones complementarias que ayudan a la comunicación con el cliente, dándole a conocer algunos aspectos que puedan ser de interés para la valoración del producto; a saber: color; marca del producto; nombre o razón social de acopiadores, embotelladores o seleccionadores que pudieran haber intervenido en su elaboración, selección o comercialización; datos analíticos de contenidos distintos al grado alcohólico; recomendaciones dirigidas al consumidor para un mejor conocimiento del producto, su calidad o su consumo; precisiones del tipo de producto; la mención «V. C. P. R. D.», vino de calidad producido en una región determinada; nombre de un municipio, zona o región de inferior rango al de la región determinada; año de la cosecha; distinciones, premios y menciones recibidas por el producto; nombre de la explotación vinícola de la que proceda; indicaciones concernientes a la historia, condiciones de vinificación, cultura y envejecimiento, que han de ir en etiqueta aparte de la que contiene los datos obligatorios.

La variedad más básica de vinos es la de los vinos de mesa, que en muchas ocasiones se acogen a esta denominación (no de origen) para beneficiarse de un margen mayor de libertad en materia normativa; estos vinos deben llevar obligatoriamente la indicación «vino de mesa». Además, podrán añadir datos como el color o una marca comercial para el producto, nombre o razón social de acopiadores, embotelladores o seleccionadores que pudieran haber intervenido en su elaboración, selección o comercialización, datos analíticos de contenidos distintos al grado alcohólico y recomendaciones dirigidas al consumidor para un mejor conocimiento del producto, su calidad o su consumo. Las denominaciones equivalentes a los vinos de mesa en otros países son: *vin de table* (Francia), *vino di tabola* (Italia), *vino de mesa* (Portugal) y *Tafelwein* o *DTW* (Alemania).

Algunos de estos vinos comarcales se acogen en una nueva denominación que los distingue por su calidad, es la de «vinos de la tierra». Los productores de muchas cooperativas portuguesas, como la de Ponte do Lima, y los productores del Chianti toscano se han acogido a esta práctica como protesta por el exceso de normativas que impone la Unión Europea, y se puede decir que lograron su propósito porque sus ventas no han mermado, sino que, muy al contrario, han aumentado tanto su calidad como su prestigio. Las denominaciones equivalentes a los vinos de la tierra en otros países son: *vin de pays* (Francia), *vino tipici* (Italia), *vino de la tierra* (Portugal) y *Landewein* (Alemania).

Las etiquetas de los vinos de la tierra, además de las indicaciones obligatorias para los vinos de mesa, puedan llevar también otras menciones como: vino de la tierra; nombre de la zona geográfica beneficiada con la calificación de productora de vino de la tierra; variedad de uva;

año de cosecha; precisiones sobre el método de elaboración; distinciones oficiales hechas al producto; nombre de la explotación vinícola donde se ha obtenido el vino; precisiones relativas a la historia, condiciones de vitivinicultura, envejecimiento, que deben ir en etiqueta complementaria a la de los datos obligatorios.

El conocimiento de la normativa permite comprender cuál es su espíritu y cuáles sus reglas generales: *No inducir a confusión al consumidor en aspectos relativos a su razón social, marca, caracteres o presentación general de las mismas.*

Por ello queda expresamente prohibida la utilización de nombres y marcas que, por su similitud fonética, ortográfica o de diseño y colorido con nombres protegidos, pueda confundir sobre la naturaleza o el origen del producto. También regula el empleo de los nombres geográficos protegidos por la denominación correspondiente, aunque tales nombres puedan ir protegidos por los términos «tipo», «estilo», «cepa», «embotellado en...», «con bodega en...» u otros análogos.

Asimismo, prohíbe el uso de partes de palabras, signos o ilustraciones que pudieran inducir a error al comprador: *El etiquetado se presentará con caracteres claros, legibles, indelebles y suficientemente grandes para que destaquen bien del fondo sobre el que se imprimen y para que se pueda distinguir claramente del conjunto de las demás indicaciones inscritas y los dibujos.*

Etiqueta frontal y trasera de un vino tinto de Rioja.

Éstas son entonces las reglamentaciones, algunas muy generales y específicamente europeas; los vinos de otras regiones del mundo no suelen seguir estas costumbres, a veces tan arcaizadas por los reglamentos de las denominaciones de origen, que, en parte, limitan tanto la creatividad y la evolución de la técnica como la introducción de métodos nuevos o de variedades más acordes al suelo. Por ejemplo, los vinos americanos o australianos han logrado muchas veces un grado de calidad superior a los del viejo continente, y las técnicas de vinicultura en muchas de estas nuevas regiones han superado con productos originales y de sorprendente calidad a los viejos maestros. Pese a todo, el etiquetado en Europa está más normalizado y favorece la interpretación, aunque de ello se beneficien muchos productos de poca calidad que crecen a la sombra de marcas y tradiciones de gran reputación que dieron origen a una D. O. determinada. Los romanos, y después el Cister y los benedictinos, llegaron a conocer palmo a palmo la geografía del vino, cada pago, cada variedad. Este mismo trabajo, pero con técnicas de enología moderna, se ha realizado en poco tiempo en ultramar favoreciendo la aparición de algo similar a nuestros orígenes calificados.

En los Estados Unidos han aparecido las primeras A. V. A. (Approved Viticultural Area) que, en sustancia, son como un embrión de las D. O. europeas. Sin embargo, las normas no son tan estrictas y nadie impone restricciones en las variedades, en la poda o en el rendimiento de un viñedo.

Veamos entonces qué significa cada cosa y cuáles son las variedades más conocidas que el comprador puede encontrar en el comercio especializado.

Denominación del producto

Todos los vinos deben llevar obligatoriamente una mención sobre su origen, procedencia y calidad: es la denominación de origen (D. O.).

Se entiende por denominación de origen el nombre geográfico de la región, comarca, lugar o localidad, empleado para designar un producto procedente de la vid, del vino o los alcoholes de la respectiva zona, que tenga cualidades y características diferenciales, debidas principalmente al medio natural y a su elaboración y crianza.

Se entiende como D. O. el territorio correspondiente a una región como máximo y a un pago como mínimo.

La uva empleada en la producción, elaboración y crianza de los vinos provendrá de viñas registradas y sitas en dicho ámbito geográfico o demarcación específica que ha efectuado el correspondiente Consejo Regulador, salvo las excepciones hechas por los respectivos reglamentos. De igual forma, las bodegas implicadas en estos procesos de elaboración de vinos deberán estar registradas y localizadas en dicha D. O. Esto significa que todo el proceso productivo, desde el principio hasta el final, tiene que darse en ese ámbito geográfico específico.

Toda D. O. contará con un Consejo Regulador y un reglamento elaborado por éste, con el fin de ordenar y controlar la producción de sus vinos, así como promocionar y defender la calidad de los mismos.

Para la constitución de una zona vinícola como D. O. hay dos posibles procedimientos. En el primero, en el caso en que el territorio de la D. O. vaya a estar en una sola comunidad autónoma, la iniciativa parte de los vitivinicultores y elaboradores de la zona que pretendan tal reconocimiento para sus vinos. Tendrá carácter de denominación de origen provisional (D. O. P.) hasta su reconocimiento legal por el Estado.

El segundo procedimiento tendrá lugar en el caso de que el territorio de la D. O. afecte a más de una comunidad autónoma. En este caso, cada Consejo Regulador llevará, al menos, los siguientes registros:

- Registro de viñas
- Registro de bodegas de elaboración
- Registros de bodegas de almacenamiento
- Registro de bodegas embotelladoras
- Registro de bodegas de crianza.

Para poder beneficiarse de la D. O., los vinos deberán ser producidos con arreglo a las especificaciones establecidas en sus respectivos reglamentos y deberán superar un examen organoléptico mediante cata, y otro analítico en laboratorio.

La D. O. garantiza un tipo de vino característico de una o varias bodegas fundacionales a las que se ha asociado una enorme cantidad de nuevos productores de menor entidad que, sin lugar a dudas, sacan provecho comercial al amparo de la generosa sombra que ofrece el sistema. Contemporáneamente, es un corsé para la innovación y la creatividad y son muchas las producciones que no se acogen a sus muchas veces vetustos reglamentos y prefieren defender su vino de calidad en la abierta lid del mercado.

Aunque las legislaciones europeas tienden a normalizar las denominaciones de manera que equivalgan a los mismos criterios de producción y de calidad, aún se da una diversidad de denominaciones. En los siguientes apartados se hace referencia orientativa a estas equivalencias en los países de nuestro entorno.

Denominación de Origen Calificada (D. O. C.): se entiende por tal a una denominación de origen, o parte de ella, cuyos productos tienen especiales peculiaridades que le pueden otorgar este título superior dentro del resto de la denominaciones de origen.

Su ámbito geográfico puede ser tanto la totalidad de una zona de producción de una D. O. como una unidad geográfica incluida en ésta, no inferior a un municipio. Para que puedan acogerse a este nivel superior deben cumplir los siguientes requisitos:

- La uvas que procedan de los viñedos tendrán un precio superior al 200 % del precio medio nacional de las uvas destinadas a vinificación.
- Los productos se comercializarán exclusivamente embotellados desde las bodegas de origen.
- Las contraetiquetas y precintos deberán ir numerados desde las bodegas de origen.
- En el registro de viñas de la D. O. C. estará inscrito al menos el 90 % del viñedo dedicado a vinificación de área geográfica.

- En los Registros de Bodegas deberá constar con un porcentaje de inscripción que represente, por lo menos, el 90 % de la producción vinícola de la unidad geográfica.
- *Se deberá establecer la indicación concreta de variedades con referencia porcentual, en su caso, que puedan entrar en la elaboración de los diferentes tipos de vinos protegidos.*
- El control de calidad de los vinos que opten a la denominación D. O. C. deberá realizarse por el Consejo Regulador, partida a partida, no pudiendo exceder el volumen de cada una de ellas de 1.000 hectolitros.
- Para estar inscrita en el Registro pertinente será indispensable que la bodega se encuentre en local independiente y con diferenciación de sus edificios e instalaciones de cualquier otro local donde se elaboren, manipulen o almacenen vinos sin derecho a la denominación de origen.

La D. O. C. equivaldría en Italia a la *denominazione d'origine controllata e garantita* (D. O. C. G.) y en Alemania a la denominación *QmP (Qualitätswein mit Prädikat)*; en Francia y Portugal no se registra esta calificación de excelencia en los vinos con D. O.

Denominación de Origen (D. O.): merecen esta denominación los vinos de calidad que han sido controlados por los organismos reguladores que conceden esta garantía. Al comprar un vino con D. O. podemos confiar en unos estándares de calidad avalados por los Consejos Reguladores; no obstante, lo que se garantiza es una cálidad mínima, y dentro de los vinos con D. O. podemos encontrar desde vinos correctos hasta vinos excelentes, algo que nos toca conocer a cada uno.

La D. O. equivaldría en Francia a las de *appellation d´origine contrôlée (A. O. C.)* y *vins délimités de qualité supérieure* (V. D. Q. S.), en Italia a la *denominazione di origine controllata (D. O. C.),* en Portugal a la *denominaçao de origem controlada (D. O. C.)* o a la *indicaçao de provinencia regulamentada,* y en Alemania a la *QbA (Qualitätswein bestimmte Anbaugebiete).*

Vinos de la tierra: son los vinos de cierta calidad y tipicidad local que no se benefician de ninguna D. O. En España, «podrán ser utilizados para la designación de «vino de la tierra» los nombres que el Ministerio de Agricultura, Pesca y Alimentación actualiza periódicamente con tal objeto; estas listas son a su vez competencia de las correspondientes comunidades autónomas que las comunica tras su publicación en el B. O. E. local al ministerio del Gobierno central». De forma general, la designación coincidirá con el de una región, subregión, comunidad autónoma, provincia, o parte de zona o comarca vinícola que no coincida con el nombre geográfico de una D. O. y nunca a unidades territoriales menores a un municipio.

De izquierda a derecha, botellas etiquetadas de vinos de denominación de origen Somontano, Ribera del Duero y Burdeos (Bordeaux).

Vinos del país *(vins du pays, vini tipici, Landwein):* algunos de los vinos así llamados proceden de zonas de nombres sonoros y hasta reputados; son frecuentes en el Rin y el Mosela y en pequeños municipios de Francia, Alemania y Suiza, pero no están sometidos a los controles de un Consejo Regulador y, por consiguiente, pueden en ocasiones resultar una sorpresa poco agradable para quien espera de ellos una cierta calidad. Otras veces, en cambio, resultan un hallazgo y nos producen esa sensación de satisfacción del pionero. Esta subdenominación equivale a la española «vinos de la tierra».

Vinos de mesa: el vino de mesa es simplemente un vino común, apto para ser consumido, originado en un pueblo, municipio o región determinada. Algunos llevan la mención «mezcla de diferentes países de la U. E.» cuando son fruto de un *coupage* de amplio espectro, caldos franceses bajos en graduación, con la adición de caldos de Cariñena o de Sicilia para aumentar el grado alcohólico, y de Lambrusco del Po para darle color. Muchos de estos vinos son envasados en tetrabrik o en botellas de litro con tapa capsular metálica. Es conveniente investigar este mercado pues hay muchas bodegas que no unen sus productos a las D. O. porque usan una variedad diferente a la admitida y venden magníficos vinos bajo la más modesta de las calificaciones. En este terreno, los italianos y principalmente los toscanos producen variedades de Chianti, Tignanello o el prestigioso Sassiscaia con uvas Cabernet Sauvignon logrando una tersura especial en los vinos que no es admitida por la reglamentación de su región.

Una visita a una cooperativa local, especialmente ahora que hay mucho enólogo joven suelto por los campos, puede convertirse en una sorpresa y un nuevo hallazgo para una bodega familiar o la de un restaurante. Un sumiller busca estas perlas para el vino de la casa y, por fortuna, las suele encontrar.

Vinos de calidad producidos en una región determinada (V. C. P. R. D. o V. Q. P. R. D.): ésta es una indicación de calidad más amplia que las correspondientes a los mismos Consejos Reguladores de Origen Certificado. Así, en España, la indicación es V. C. P. R. D. Esta mención indica que la producción se ha sometido a las exigencias de una organización de carácter oficial que garantiza no sólo el sector donde se ha producido la uva sino también que ha cumplido las normativas sobre podas, riego, protección biológica, cosechado, trasiego y producción, además de las complementarias tradicionales de cada región.

Mención aparte mercen las legislaciones alemana y de algunas zonas de influencia de Suiza, Austria y Hungría, que siguen las siguientes denominaciones de origen en función del proceso de *chaptalización* (adición de azúcar durante el proceso con el fin de lograr un grado alcohólico más alto) al que son sometidos algunos vinos: *QbA (Qualitätswein bestimmte Anbaugebiete),* para los que han sufrido ese proceso enriquecedor y *QmP (Qualitätswein mit Prädikat)* para los vinos de elaboración clásica. Estos caldos, a su vez, se califican en función de su azúcar natural en: Kabinett, Spätlese, Auslese Beerenauslese y Trockenbeerenauslese, una amplia gama originada sobre todo en la gran dificultad climática de lograr que los vinos lleguen al grado alcohólico establecido y a la necesidad de buscar las laderas que favorezcan especialmente la insolación y reduzcan la amplia luminosidad de las altas latitudes. Un proceso de fermentación, a su vez ralentizado por el clima frío que enriquece el producto con deliciosos y frescos aromas afrutados.

Botella de vino blanco alemán etiquetado como QmP.

Variedad vinífera, viñedo y pago

Pese a ser referencias opcionales por parte del productor o comercializador, es indudable que son los datos más preciados para quien selecciona un vino para su mesa o sus invitados. El experto busca afanosamente en la etiqueta y la contra etiqueta los datos que le permitirán ponderar si el vino será apto para un añejamiento privado y para una maduración bajo su atento cuidado.

En enología, una baya de uva está compuesta por tres partes fundamentales: la *piel* (u hollejo), que aporta al vino la mayor parte de los aromas de la variedad y le da color, y que contiene una sustancia fundamental que son los taninos, derivados del ácido tánico, responsable de muchas de sus cualidades digestivas; la *pulpa,* que produce el mosto (masa de agua, ácidos fundamentales y azúcares) y, en pocas pero muy apreciadas variedades muy perfumadas, algunos componentes valiosos del aroma del vino; las *semillas,* que son oleosas y sólo aportan astringencia, son descartadas en la elaboración en función del aporte que en ese sentido busque el elaborador.

La indicación de la variedad permite hacerse una clara composición de lugar sobre la futura evolución del caldo. No todas las variedades de uva producen caldos para añejar y las condiciones de conservación de un Cabernet joven han de ser mucho más delicadas y sensibles dada su poca evolución y el relativamente corto periodo de tiempo durante el que es posible guardarlo. En cambio, un vino de uva garnacha se conserva y evoluciona muy bien y puede representar un gran éxito para quien lo ha sabido seleccionar. En España, la garnacha dura menos que el tempranillo, pero también dan grandes satisfacciones, tanto en su calidad como en su evolución. Los blancos también presentan estas características; así, la riesling alsaciana es más fuerte que la torrontés y la palomino, más delicadas y frágiles.

En las etiquetas traseras es donde se suele indicar la variedad de la uva utilizada y la nota de cata.

Atendiendo a este importante aspecto, es necesario saber que la mención de la variedad principal no es en Europa garantía de la proporción de esa variedad en el caldo. Los productores norteamericanos, tienen la costumbre de mencionar la variedad sólo si está presente en más del 80 % del contenido, al igual que los productores europeos.

Cualquier indicación de las proporciones y variedades, así como del viñedo o pago *(cru),* denotan por parte del productor un sentido de selección y transparencia informativa que supone una demostración de respeto hacia el consumidor y de celo por la calidad. Desde la época de los romanos y, más tarde, gracias a los trabajos de los benedictinos, sabemos en Europa que los grandes vinos provienen de áreas específicas en las que el clima, la variedad y el suelo son determinantes a la hora de la calidad.

Es necesario adquirir esos conceptos a través de la experiencia; el vino necesita diálogo y su lenguaje es el *bouquet* y el sabor. Tenga paciencia y no deje de probar.

Conocer el viñedo es siempre un dato importante; la uva se comporta de determinada manera en función de los aportes nutritivos que recibe del suelo y de la climatología que aporta la zona donde es plantada. Con frecuencia encontrará en este libro, y en otros sobre el vino, la mención del pago o de un afloramiento calcáreo determinado; estos datos no suelen venir en las etiquetas, pero sí en las publicaciones de las D. O., que describen muy detenidamente las características climatológicas y geológicas de cada área. Para conocerlas, le recomendamos recurrir a las publicaciones especializadas y a las páginas web de las propias comunidades autónomas, en las que encontrará una magnífica información sobre éste y otros aspectos de interés.

Tipo de vino, marca y nombre del elaborador

Aunque no debe indicarse de forma obligatoria, es otro dato de interés para quien está buscando un buen vino y necesita orientación entre los millares de botellas de una buena tienda especializada.

Es importante la clasificación del color que hace el bodeguero, sobre todo en el caso de los claretes y algunos rosados en los que la botella oscura y el vino de alta tonalidad no permiten una clara identificación.

También lo es el grado de azúcar residual presente en el vino y con ello el grado de dulzor: seco, semiseco, abocado, dulce. Especial relevancia adquiere este dato en el caso de los vinos generosos: finos, manzanilla, amontillados, olorosos, Pedro Ximénez, cream; o en los licorosos: *vendages tardives,* mistelas, ambrosías, Eiswein.

Otro dato destacado es si presenta anhídrido carbónico, según lo cual se clasifican en: espumosos, vinos de aguja, gasificados, prosecos, cavas, champagnes, etc.

La marca es una indicación muchas veces ligada a la tradición y calidad de una zona o de una saga de bodegueros con gran experiencia, y ella sola puede garantizar un buen nivel de calidad, como es el caso, por ejemplo, de los vinos de Torres, tantos los peninsulares de España como los de sus producciones americanas. Pero hay que mirar con cuidado las marcas sonoras, los escudos, los títulos nobiliarios, los *châteaux,* que son fácilmente registrables en Francia, pues en líneas generales la marca debe interpretarse como una señal comercial y nada más.

El nombre del elaborador es importante, aunque lamentablemente no obligatorio, en la normativa europea; un productor es cuidadoso con el prestigio de su nombre y es siempre garantía de una trayectoria honesta.

Muchos cosecheros se limitan a ser intermediarios entre el productor elaborador y el circuito comercial, realizando unas veces la crianza por cuenta propia y otras sólo la selección y tipificación de los caldos. Cuando el circuito está en manos de un sólo elaborador desde el viñedo hasta la botella, el vino tiene la garantía de la pasión personal, ese componente de orgullo por lo bien hecho que uno tiene por sus cosas y, sobre todo, por un producto que ve nacer entre sus propias manos. El vino ama sus orígenes artesanos, y agradece el cuidado personal del bodeguero adquiriendo calidad y personalidad.

El tiempo de crianza

El tiempo de estancia en la bodega se recoge en las indicaciones *crianza, reserva, gran reserva,* en barricas la primera, y en botellas y en ambiente controlado las dos segundas.

Los tiempos mínimos de crianza están en función de las características específicas del vino, su pago y su variedad.

Lo importante para el consumidor es saber el tipo y tamaño de la barrica, especialmente si es joven o nueva, grande (más de mil litros) o bota pequeña de cuatrocientos litros y si el roble es americano o francés. Estos datos suele darlos el bodeguero responsable en la contraetiqueta y han de leerse con cuidado, matizarse con el vendedor y sobre todo con el sumiller de un hotel o restaurante de prestigio, un experto que, sin lugar a dudas, gustará de lucir sus conocimientos si encuentra a alguien interesado en este saber. Hay que valorar la sola mención de estos datos como algo positivo ya que indican un envejecimiento controlado en la bodega, en su ambiente originario, atendido por una persona que conoce y potencia sus virtudes buscando corregir sus defectos.

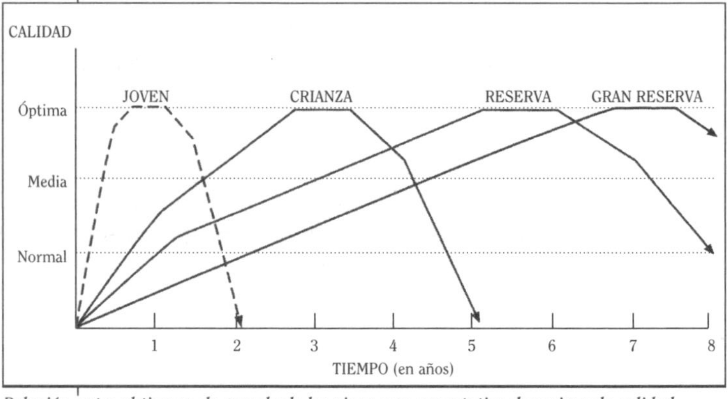

Relación entre el tiempo de guarda de los vinos y su expectativa de mejora de calidad.

Es de suponer que todo vino que no lleve ninguna de estas menciones es un vino de la añada de su vendimia, y hay que valorarlo como tal. El aspirante a consumidor entendido, eso que los franceses llaman un *connaisseur,* ha de comprar algunos vinos del año para conocer las características nativas del vino de una región cuyos caldos le satisfacen; no es necesario comprar grandes marcas, es bueno potenciar el consumo del vino joven y el conocimiento de estos caldos, de su delicioso sabor afrutado, de su mayor acidez, de su vigor. Este libro busca estimular al interesado que quiera iniciarse en el conocimiento del arte del vino desde la base, desde los magníficos vinos el año que nos brinda nuestra tierra. Es conveniente conocer los vinos de la zona donde uno vive, aprender a valorar el talento local y sentir cómo evolucionan al amparo de nuestros cuidados en la sencilla bodega familiar.

La añada

Generalmente, la añada va indicada en una pequeña etiqueta pegada al cuello de la botella y que se denomina collarín, aunque también puede ir en la etiqueta y en la contraetiqueta. Este dato ha de figurar siempre en números claros. La normativa ha suprimido las viejas indicaciones de tercer año o quinto año, que antes eran tan usadas.

La añada es un dato fundamental que permite al aficionado valorar el tiempo de guarda al que puede someter los caldos. No hay envejecimiento eficaz si no se conoce previamente la edad del vino a conservar. Los vinos sin añada no debieran comprarse, lo que obligaría así al mercado a observar estrictamente la normativa.

El conocimiento de la añada permite que compremos vinos de una buena vendimia, especialmente si son de reserva o gran reserva con unos cuantos años (siete a diez años), con la seguridad de que el vino estará en plena evolución, fresco y vivo como para ser sometido por nosotros a un nuevo envejecimiento en casa, con garantía de una evolución favorable. Para este caso es necesario hacer una prueba; si el vendedor no permite la cata, compraremos una botella del lote y la valoraremos con calma en casa para determinar si está aún en evolución y si conviene o no hacer la compra. La experiencia va enseñando al paladar a apreciar estos aspectos y la buena conversación con amigos que hacen el mismo aprendizaje es un nuevo y reconfortante placer que vale la pena experimentar.

De la misma manera, no es recomendable comprar vinos sin crianza de más de dos años para los blancos y más de tres o cuatro para los tintos. Conviene ir aprendiendo que tanto la técnica de vinificación como el tipo de uva y el pago afectan definitivamente la capacidad de evolución de un vino. Es famosa la resistencia de los Sauternes franceses (el vino ideal para acompañar patés), como la de un Madeira, un Oporto, algunos Nebbiolos y los famosos Vega Sicilia. Pero siempre es la experiencia la que guiará su talento.

Fecha de embotellado y datos del fraccionador

Sería muy recomendable conocer estos datos, pero son muy pocos los que los ofrecen. La ley sólo obliga a mencionar el nombre y dirección del envasador aunque lamentablemente estos datos pueden ir codificados con cifras y números de difícil interpretación. La mención de «Embotellado en la propiedad...» es, en su origen, un concepto de calidad, pero ha sido muy maleado; a la bodega del elaborador llegan hoy fraccionadoras móviles instaladas sobre camiones que hacen toda la operación en pocas horas, desdibujando este concepto otrora tan prestigioso.

Volumen y grado alcohólico

La indicación del volumen debe figurar en cifras expresadas en litros, centilitros o mililitros. No todas las botellas llevan los clásicos 75 cl. Y esto ha de ser controlado por el consumidor para saber comparar los precios adecuadamente, prestando especial atención a las botellas con formas no tradicionales ya que suelen esconder tras el diseño atractivo unos cuantos centilitros de menos.

El grado alcohólico se debe expresar en porcentaje del volumen (% vol.), que equivale a los grados; es decir, 12 % vol. es igual a 12 °.

La graduación no suele representar un problema en los vinos de la cuenca mediterránea pero sí lo es para los vinos de las zonas frías. Las regiones del Rin, Mosela, Champagne, Borgoña, algunas de Galicia, los vinos de Hungría, por ejemplo, tienen en algunas añadas graves problemas para lograr el grado alcohólico necesario para ser considerado vino. Lo resuelven mediante la técnica de la chaptalización de los mostos, que no es ni más ni menos que la adición de azúcar. No obstante, esto que nos parece casi una estafa es algo normal y hay vinos famosos que se obtienen mediante este sistema, como algunos Beaujolais, y que pueden brindar buen acompañamiento y gratos momentos.

Otros datos de la etiqueta. Los consumidores aprecian la información complementaria, muchas veces de gran valor a la hora del consumo, como la temperatura de servicio, el tiempo de guarda, las condiciones para esa guarda, las sugerencias gastronómicas, calidad del corcho, etc., así como otros aspectos que puedan comentarse al hablar del vino: sobre el viñedo y sus cultivadores, datos geográficos y de características del suelo, o los simplemente comerciales, como son los premios recibidos, además de las notas de cata que ayudan a introducirse en ese mágico mundo de la descripción de los sabores y *bouquets*.

Los vinos espumosos y sus etiquetas

Cómo leer e interpretar la etiqueta

Todos los vinos espumosos europeos deben consignar en sus etiquetas algunos datos con carácter obligatorio:

- Denominación del producto.
- Volumen de la botella.
- Tipo de vino (en función del azúcar residual).
- Grado alcohólico.
- Nombre y dirección del elaborador.

Estos datos no resultan suficientes para hacerse una composición de lugar ante la variadísima oferta disponible; por ello, el consumidor apreciará especialmente los datos complementarios. Afortunadamente, el productor de un vino fino se esfuerza en destacar sus características y conviene conocer las claves de ese lenguaje algo críptico.

Para la normativa europea, son vinos que, al ser sometidos a procesos específicos, han adquirido anhídrido carbónico en disolución y que, visualmente, se caracterizan por tener burbujas. El texto los define como «vinos que al descorchar el envase se caracterizan por un desprendimiento de anhídrido carbónico».

Se pueden elaborar a partir de un vino blanco, rosado o tinto, que se llama siempre vino de base. El proceso subsiguiente da como resultado dos tipos distintos de vino: los *de aguja* y los *espumosos,* en función de la cantidad de gas carbónico medido con la presión que ejerce el gas presente en disolución en el vino en el momento del embotellado. Mientras que los espumosos deben tener una presión mínima de 4 kg/cm^2, los de aguja deben tener un mínimo de 1,5 y un máximo de 2,5 kg/cm^2. En los vinos de aguja el anhídrido carbónico es muy sutil y contribuye a la sensación refrescante que ofrecen las diminutas burbujas al estallar en la boca produciendo una ligera sensación de picor.

Denominación del producto

Hay que tener cuidado con la amplitud de la normativa europea, ya que permite meter en un mismo saco tanto a un buen cava como a un simple vino que ha recibido la adición de anhídrido carbónico industrial.

Vino espumoso *(Vin Mousseux, Vino Spumante, Sekt):* los espumosos contienen gas carbónico disuelto procedente de la fermentación, sin adición artificial de anhídrido carbónico; este grupo incluye no sólo a los famosos cavas y champagnes, que son fruto de una especial elaboración, sino también a los vinos que, naciendo dulces y siendo envasados en grandes depósitos, granvás, o botellas rellenadas, se convierten, al fermentar de forma natural, en potentísimos espumantes, en algunos casos tintos de notable calidad, como los Proseccos del alto Adige, en Italia.

Vino espumoso de calidad: esta mención significa, además de lo ya indicado para el espumoso, que el vino empleado ha recibido una crianza mínima. Es preciso conocer otras menciones como Cava, Champagne, fermentación en botella, método tradicional o fermentación en botella según el método tradicional; nos darán la pauta de los distintos elementos que hacen al buen vino espumoso, que provenga de un buen vino, que ese vino haya sido adecuadamente tratado y mantenido y, además, que el proceso sea natural, controlado y sometido a las normas de cada producto.

Denominación de origen controlada (D. O. C.). Se debe indicar la región de procedencia. Los cavas españoles y los *champagne* franceses describen con su sola mención sus características gracias al estricto cumplimento de las normas a las que las D. O. someten a sus asociados.

Vino espumoso aromático de calidad. Se refiere a ciertos vinos elaborados con variedades de uva blanca como la moscatel. Estos vinos son muy habituales en la región lombardo-véneta italiana y es usual indicar el tipo de vino o variedad del que son origen.

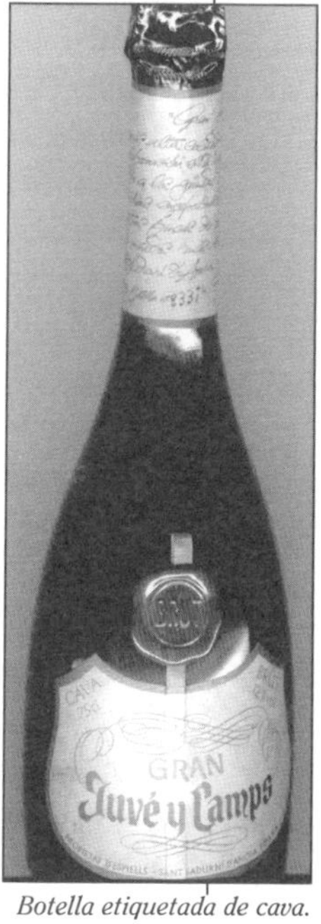

Botella etiquetada de cava.

Vino gasificado. Tanto para españoles como italianos son una parte mínima del mercado nacional, no así en otras regiones donde constituyen un producto de uso frecuente; las etiquetas deben indicar siempre que el vino se ha elaborado con la adición de anhídrido carbónico.

Volumen de la botella. Al igual que los vinos tranquilos, los espumosos deben seguir la normativa que regula la indicación de la capacidad.

Tipos de vino espumoso en función del azúcar residual

El contenido de azúcar debe consignarse siguiendo el método clásico de denominarlos:

- *Brut Nature:* con un contenido de azúcar entre el 0 y 3 g/l.
- *Extra Brut:* entre 0 y 6 g/l.
- *Brut:* entre 0 y 15 g/l.
- *Extra seco:* entre 12 y 20 g/l.
- *Seco:* entre 17 y 35 g/l.
- *Semiseco:* entre 33 y 50 g/l.
- *Dulce:* más de 50 g/l.

Grado alcohólico

Se expresa, como en todos los vinos, en porcentajes de volumen, dato que equivale al grado alcohólico; el grado alcohólico ha de ser consignado en caracteres visibles y claros.

La mención de otros datos de interés para el consumidor se deja a la discreción del bodeguero. En realidad, cualquier información adicional pueden ayudar en gran medida a la justa valoración del vino a que se refiera, así como a saber si puede ser digno complemento de las exquisiteces a las que acompañará en nuestra mesa.

Nombre y dirección del elaborador

Este es uno de los puntos más engorrosos del etiquetado y provoca numerosas confusiones. En el *champagne* hay indicaciones específicas que es bueno conocer:

- C. M.: producido en una cooperativa.
- M. A.: una segunda marca de la bodega, que debiera ser de menor precio que las de primera calidad de la casa.
- N. M.: elaborador que comercializa los vinos aunque no sean de viñedos propios.
- R. M.: vinicultor que elabora sus propias vendimias; hay que saber que muchos llevan las uvas para ser elaboradas en una cooperativa y luego las recogen para poder así disfrutar de esas prestigiosas siglas.

En muchos casos la **marca** es en sí misma garantía de una calidad, un método y una tradición suficientemente clara para el consumidor. Aunque es necesario estar atento ante la exuberancia de etiquetas cargadas de blasones y nombres rimbombantes que luego resultan esconder un espumoso de poca entidad.

El **nombre del pago** o de un viñedo determinado puede ser un dato interesante a tener en cuenta como símbolo de transparencia y del deseo del productor de ser reconocido por sus propios méritos.

El nombre de la **variedad vinícola** del vino de base se menciona preferentemente en los vinos elaborados con la variedad Chardonnay, presente en forma exclusiva en los Blanc de Blancs. Los cavas catalanes mencionan en muchos casos las variedades blancas clásicas del país, Xarel-lo, Macabeo y Parellada. Otros grandes vinos espumosos incluyen también el Pinot Noir u otros.

La añada

En este aspecto la normativa es muy clara; si se menciona el año, las uvas usadas para la elaboración han de ser de ese año en su totalidad, sin cortes o inclusión de vinos conservados de otros años, como suele suceder en los cavas más populares.

El método de elaboración

Esta característica se indica con un símbolo grabado en la parte inferior del tapón: una estrella para los espumosos de método *tradicional,* un círculo para los *granvás* y un rectángulo para los elaborados con el método *tranfer.*

El método de elaboración es un dato de gran importancia. Nos indica la calidad más que muchos otros datos y nos permite hacer una valoración bastante ajustada del producto. Los diferentes métodos de vinificación de los espumosos se explican con detalle en el capítulo «La vinificación y la guarda de los vinos» (pág. 53).

Las etiquetas en países no europeos

Hasta la apertura de los almacenes Marks & Spencer en el continente, una gran mayoría de los consumidores europeos no había tenido la oportunidad de probar vinos de otros países, y menos aún del Nuevo Mundo. Su calidad, y sobre todo su buena relación calidad-precio además del toque de exotismo que permitían en las relaciones sociales, fue la clave para una explosión muy superior a la que había ya logrado Torres con sus afrutados de origen americano.

En general, los vinos de calidad tienden a recoger información parecida a la de las etiquetas europeas pero con algunas particularidades y localismos, originados tanto en las costumbres y modas comerciales como en las dificultades que ofrece un tipo de producción distinta.

Hay, en general, una clara tendencia a poner el pago o viñedo de origen. NapaValley, en California, Undurraga y Manso Velazco, en Chile, Cafayate, en Argentina, Coonawara y Rutherford, en Australia, y otros tantos, en Sudáfrica, son o serán en breve menciones que apreciaremos por su gran calidad.

Los métodos de elaboración, en cambio, ofrecen algunas diferencias adaptadas al terreno; las normativas europeas no permiten estas libertades. Hay uvas como las Torrontés, en Argentina, que se procesan emparradas en un alto porcentaje y combaten de esta forma la alta luminosidad de la zona. La casa Nazar Anchorena, en Mendoza (Argentina), era pionera en el trasiego mecánico y la plantación en espalderas cuando en Europa luchábamos aún contra los estragos de la filoxera. El riego, las variedades y las características de los pagos distribuidos en pequeños afloramientos en enormes superficies hacen cambiar el concepto localista que tenemos en Europa del viñedo. Tal vez lo que prime en el Nuevo Mundo sea la selección, en la que los productores se vuelcan con gran esmero. Al amparo de la libertad normativa, los espumosos conservan la vieja denominación de «Champagne», que curiosamente fue introducida en Argentina por la mismísima casa Moët & Chandon. Hay grandes vinos espumosos en América y ya está muy lejano el temible jarabe que nos ofrecían los californianos, gente que aprende rápido y que en sólo treinta años compite con nuestros caldos. En Argentina, el gusto es algo más italiano y abundan las variedades de *proseccos padanos* y los vinos gasificados y de aguja que imitan los originales de la provincia de Asti.

La variedad se ha hecho una de las indicaciones más populares; la gente responde a la denominación Merlot o Cabernet Sauvignon sabiendo qué tipo de producto va a recibir. Educar el mercado sobre la base de calidad y precio, simplifica mucho el espectro, y el aficionado lo agradece. Fueron los californianos quienes comenzaron a educar su mercado local con las menciones de las variedades locales; luego los australianos aprendieron la lección, ya que se dirigían al mismo mercado norteamericano. En los años 30, los californianos comenzaron a poner el nombre de la variedad en las etiquetas, y el éxito obtenido hizo que se convirtiera en práctica habitual. Hay que tener en cuenta que estamos hablando de territorios inmensos, en los que una misma variedad de uva puede llegar a madurar en dos puntos con, a veces, un mes de diferencia o más, por lo cual esta mención se convierte, en ocasiones, en un signo de distinción algo difuso. La clave es la selección, ya lo hemos dicho, pero es algo que, he de insistir, debemos tener en cuenta los europeos. Hay un ejemplo claro, el Grand Hermitage de Penfolds, que nace de las mejores cepas de *Shiraz* en muchos viñedos anónimos a lo largo de Australia, caldo al que debemos reconocerle su bien ganada calidad de *Premier Cru.*

En Estados Unidos, las reglamentaciones permiten usar los nombres clásicos de otros países. Así, llaman *champagne* a los espumosos, Sauternes a los vinos licorosos, Málaga a los vinos dulces, Sherry a los vinos generosos, Chablis o Burgundy a los blancos, Chardonnay a los tintos elaborados con pinot noir. La globalización del mercado, no obstante, está poniendo lentamente coto a esta práctica y, ya en 1993, se comenzó a legislar en esta línea apareciendo el concepto de AVA (Approved Viticultural Areas), una clasificación que comprende en su mayoría a los productores californianos y se basa fundamentalmente en el tipo de suelo: las uvas han de proceder del viñedo al menos en un 85 %. En las producciones de menor calidad, y cuando provienen de más de un viñedo de diferentes estados, la mención utilizada es simplemente «América»y el nombre del estado si toda la uva proviene de diferentes viñedos del mismo estado. Se puede también mencionar el condado, pero en ese caso las uvas han de ser al menos en un 75 % de esa demarcación.

Respecto a la variedad, ésta se menciona cuando interviene como mínimo en un 75 % del contenido, excepto en Oregón donde debe ser de un 90 %.

Los sudafricanos siguen la norma europea en gran medida. El sistema de denominaciones de origen procede de 1973, aunque en 1993 se remodeló la normativa por la Wine & Spirit Control Board para adecuarla mejor a las exigencias del mercado internacional. Hoy en día, a través del número del sello se puede seguir la historia del vino hasta sus orígenes y, aunque la calidad no queda absolutamente garantizada, es un dato a tener en cuenta. La práctica lleva a hacer mención predominante de la variedad de la uva en las etiquetas, siguiendo la costumbre impuesta por los americanos en el mercado, en lugar del importante dato del origen del viñedo o el tipo de vino del que se trata. Los vinos procedentes de un pago o viñedo llevan la mención *Estate Wine*, además de la correspondiente D. O., la variedad vinífera con que se ha elaborado y la añada.

Es importante para el consumidor saber que, a pesar de darse estos controles de calidad, grandes volúmenes de vinos sudafricanos exportados a nuestros mercados bajo vistosas etiquetas son el producto de *coupages* salvajes de distintas procedencias y añadas. Las variedades indicadas en la etiquetas garantizan que el vino para la exportación no contiene más del 15 % de otras variedades, margen que se amplía al 25 % para su mercado interior. Además, la mención «Bodega» asegura que el vino se ha elaborado con uvas de la propiedad y en algunos casos la mención «Superior» indica una especial selección en la elaboración.

Las etiquetas de Australia, siendo su mercado preferencial el norteamericano, se basan en acuerdos suscritos con ese país en 1994, aunque se sujetan a un criterio internacionalmente aceptado. Los elaboradores australianos son unos maestros en el *coupage* y transgreden todos los criterios de las denominaciones de origen europeas; así, a un mismo producto van a parar añadas diversas y caldos de distinto origen, hasta equilibrar magníficos vinos que el paladar agradece. La nueva reglamentación, que fracciona las regiones hasta atomizarlas, especifica que los pequeños productores pueden detallar en la etiqueta la variedad de la cepa y su denominación territorial de origen si al menos el 85 % procede de la zona y es de la variedad indicada. En general, se rigen por el L. I. P. (Programa de Integridad de la Etiqueta), sistema muy parecido al que se usa para garantizar que lo indicado en un folleto sea verdad o que un profesional, un fontanero por ejemplo, no tenga antecedentes de mal hacer en el desempeño de su profesión. Este programa, introducido en 1990, se basa en comprobaciones y chequeos de los datos expuestos en las etiquetas y se ha revelado como de gran eficacia para el consumidor.

Botella de vino tinto australiano Penfolds, Rawson's Retreat Bin 35.

Otros conceptos y otros países. En Argentina y Chile no hay concepto popularizado de «crianza»; esto no quiere decir que no se haga, pero no se suele comercializar con la mención en las etiquetas. Los mejores vinos tintos argentinos, en cambio, son sometidos a una crianza esmerada. Prima el concepto de «Reserva» y una amplia variedad de indicaciones adicionales; suelen ser los vinos que más información ofrecen en sus etiquetas colgantes, en ocasiones una información que fruto más de una imaginación desbordante y creativa que del esfuerzo del productor.

En Italia, como ya hemos visto, existen dos calidades de D. O.; la denominación controlada y garantizada corresponde a un estadio superior en los controles y la suelen usar vinos muy famosos. En algunas regiones se utiliza la expresión *clássico*, que quiere indicar que corresponde a la zona del corazón histórico de la denominación y no a su periferia; también en algunos vinos se incluye la indicación *riserva* o *superiore*, que quiere decir que se ha envejecido más tiempo que el reglamentario y en el segundo caso que su titulación alcohólica es superior a la norma.

Pueden llegar a nuestras manos vinos de todo el mundo, y algunos nos sorprenderán por su calidad; los compradores de los establecimientos especializados no tienen fronteras. Hay maravillas en Marruecos y Túnez bajo denominaciones francesas y españolas, los rusos producen en Crimea vinos notables y Armenia es un productor histórico. Los húngaros, además de sus vinos verdes, tienen vinos maduros deliciosos y los portugueses, además de sus verdes frescos y divertidos, tienen vinos maduros excepcionales (como el Colares) que acompañarán nuestros platos con un toque de auténtica distinción.

Detalles que hay que observar en la botella

Además de las etiquetas, la botella es un indicador del buen gusto del elaborador y de su intención de comunicárnoslo.

La cápsula

Es uno de los componentes de la botella que se ha de examinar minuciosamente tras la propia etiqueta a la hora de comprar un vino. Su estado indica en gran medida cómo ha sido tratado el vino tras su elaboración y, con un poquito de experiencia, puede ayudarnos a determinar la calidad de la reserva y el entorno, algo fundamental para saber si un vino se encuentra aún en evolución o si, en su defecto, es un producto envejecido y muerto.

Clásicamente se hacía con lacre. Modernamente se ha llegado a hacer con un tipo de plástico que se retractila térmicamente. Dentro de esta amplia gama hay desde aleaciones metálicas del plomo hasta los plásticos, siliconas y geles de distinta variedad, color, textura y durabilidad. Su función específica es la de mantener el tapón de corcho en buenas condiciones y garantizar que no sufra agresiones externas que puedan afectar al producto vitivinícola que encierra. En algunos países lleva el sellado oficial.

El tapón

Durante muchos siglos el vino fue evolucionando al vaivén del gusto y el refinamiento de las cortes. Los romanos lo guardaban y transportaban como los griegos en tinajas u odres de cuero. Los pellejos contra los que lucha el Quijote se han mantenido durante miles de años y aún hoy, más relegados a una curiosidad bucólica, aportan su sabor particular al vino sencillo y tonificante de nuestros campesinos. En Pedraza de la Sierra, en Segovia, a pocos kilómetros de Madrid, hay todavía un viejo bar en donde podemos ver las instalaciones para servir vino de pellejo magníficamente maridado con buen queso, pan y chorizo serrano.

Desde el punto de vista de la conservación del vino, las tinajas eran envases de calidad, especialmente las que se hacían en la costa levantina y cargaban vinos desde Sagunto a Emporium para llevarlos al mercado de Roma. Lo que les faltó siempre fue un buen cierre para evitar que el vino se oxidara demasiado y perdiera facultades. Tras la invención de la botella, que poco a poco fue adquiriendo protagonismo, llegó tardíamente, en el siglo XVIII, el corcho, según parece de la mano del genial monje Perignon, el mismo que inventó el método para elaborar el *champagne*. El corcho vino a sustituir a un sinnúmero de materiales basados en la madera, la cerámica y la cera.

El corcho es elástico, no transmite olores al vino, se ajusta bien al envase, se hincha con el mismo líquido que debe proteger y además no se contamina fácilmente con bacterias, aunque es sensible a la humedad y a los hongos.

El corcho ha de ir embebido por el líquido que contiene para asegurar una buena estanqueidad que deje fuera al oxígeno del aire, que tanto perjudica al vino; por ello, cuando conservamos vino embotellado ha de estar siempre acostado, aunque muchos prefieren invertir la botella, sobre todo si está aún en sus cajas, cosa bastante habitual en una bodega que indefectiblemente terminará, víctima de nuestro afán coleccionista, llena hasta los topes.

Hoy en día, el corcho es muy escaso en el mercado si se busca calidad; son pocos los productores, principalmente España y Portugal, que se benefician de un clima mediterráneo en donde pueda crecer el alcornoque o encina corchera. Su producción es laboriosa. Cada año se ha de repasar la corteza cortando los bordes de dos grandes planchas que abrazan en su conjunto al tronco; estas planchas alcanzan en unos diez o doce años el grosor suficiente para poder ser manipuladas industrialmente y dar lugar a los corchos de las botellas. Es un producto que requiere paciencia, tenacidad y amplias plantaciones para asegurar una producción continua por rotación.

Hoy en día, el mercado ha ido imponiendo otras soluciones para productos de menor calidad. Plásticos para los vinos espumosos que no han de guardarse mucho tiempo y vinos de mesa de consumo rápido, tetrabricks para el vino más modesto y de consumo masivo, y un número creciente de aglomerados y materiales que aún buscan las excepcionales calidades del corcho. Suponemos que la investigación dará con la solución, pero el placer de abrir una botella de un buen caldo con su largo y perfecto tapón de corcho estará aún vigente durante unas cuantas generaciones de aficionados al buen vino.

El aficionado a los buenos vinos que desee guardar buenas añadas en su bodega tiene, indefectiblemente, que aprender a encorchar, aunque sólo sea para vivir la experiencia.

Hay distintos tipos de corcho en función del vino a proteger, los largos de más de cincuenta milímetros se emplean para los vinos de gran calidad. Un buen corcho debe garantizar una buena estanqueidad por encima de los doce años y en algunos casos se abren botellas de veinticinco y treinta años con el corcho en perfecto estado.

Los vinos preparados para ser consumidos jóvenes usan generalmente corchos de menos de cincuenta milímetros. Los nuevos corchos sintéticos ya han alcanzado una calidad aceptable para vinos de consumo rápido, no más de dos años. También se utilizan los aglomerados, por ejemplo el corcho para el cava que está formado por una cabeza de un aglomerado encolado y sucesivos cilindros de corcho de decreciente densidad para que ésta se ajuste mejor a la botella formando la falda.

La botella

Es el envase ideal para guardar un vino. Diversos autores atribuyen sus orígenes a la misma Roma, aunque los arqueólogos aseguran que no eran para guardar sino para llevar los vinos a la mesa y sobretodo para poder distribuir la calidad del vino en distintas graduaciones según la relevancia de los invitados.

El uso de la botella por los monjes comienza en el siglo XV, y es con la llegada del corcho cuando se lanza definitivamente hacia el nivel actual de apreciación y su protagonismo pasa a ser ineludible en la crianza y envejecimiento de los vinos de calidad.

De fabricación originalmente artesana, por soplado, la botella fue adquiriendo de la mano de la industria su variado y versátil aspecto actual. Se elabora con vidrio, aunque las hay ya de plástico en algunos países para el vino ordinario; la mecanización actual del proceso pone en el mercado millones de envases adaptados a las exigencias y costumbres de los distintos productores de vinos.

Resabio del pasado, la botella del Chianti Clásico de la Toscana, hoy sólo de uso folklórico, es una de las últimas botellas de vidrio soplado a mano del mercado. Su forma de balón encerrado en una cestita de junco nos recuerda los comienzos de este nuevo arte que ha ido adquiriendo aspectos inusitados en los diseños de artistas famosos, como fue la colección surgida del genio de Dalí creada para algunos productos el conde Cinzano.

Hoy, la gama de botellas es muy amplia, pero repasaremos las más importantes ya que sirven de guía al comprador sobre las características del vino que contienen.

Esquema de los distintos tipos de botellas empleadas en el envasado de los vinos. De izquierda a derecha: Oporto, jerezana, aplastada, bordalesa, Chianti, Champagne, borgoñona, alsaciana y Rin.

Burdeos. Es la botella del vino tinto y blanco más usada en el mundo. Es de forma cilíndrica, con los hombros bien dibujados y un cuello de diámetro regular, alargado. Su capacidad es de 750 cm^3 y se elabora en color verde o marrón oscuro para envasar tintos, y en marrón Siena o verde claro (y algunas veces sin color) para los rosados y blancos. Los viñateros de la denominación Burdeos tienen la obligación de usarla. Sus características fueron creadas para adaptarse a la comercialización hacia Inglaterra en tiempos en que los vinos no sufrían un proceso de filtrado muy eficaz. La obligación de decantar todas las botellas debido a su enorme poso determinó la conveniencia de darle unos hombros tan marcados con los que separar con facilidad dichos depósitos, determinando asimismo el largo del cuello para facilitar este proceso.

Borgoña. Es una botella conocida y muy apreciada para vinos más frescos. Es cilíndrica, sin hombros y con un largo cuello, su capacidad es de 750 cm^3 y, en muchos casos, presenta en la base una pequeña cápsula o cazoleta en la que ir acumulando el poso; no es una buena botella para su decantación ya que es difícil separar las partes con y sin posos debido a la falta de hombro. La gente de la región no es amiga de las decantaciones y prefiere que sus vinos, basados en la variedad Chardonnay para el blanco y Pinot noir para los tintos, sean bebidos sin manipular u oxigenar en exceso. El color más usado es el verde, aunque el marrón Siena es también popular entre los productores de vinos blancos.

Rin. Es la botella usada en todo el mundo para los vinos afrutados, jóvenes y aromáticos. Prácticamente todos los Riesling y Gewürztraminer del mundo son envasados en estas elegantes botellas de color verde o incoloras, cilíndricas, de largo cuello y sin hombros. Estos vinos se suelen refrescar en cubos de agua con hielo y su largo cuello facilita su manipulación a la hora del servicio. Su capacidad es también de 750 cm^3. La botella original de los vinos de Alsacia es un poco más grande y de color tierra Siena o verde pálido, no obstante su tendencia actual es fundir sus características de diseño con las del Rin.

Cava o champaña. Originaria de la misma región que ha dado fama al vino que contienen, es la botella clásica del espumante; su diseño está elaborado para contener un vino a una presión gaseosa importante. Cilíndrica, de vidrio grueso con un cuello recio y una sólida base, puede ser de color verde oscuro aunque en la actualidad se elabora de diversos colores. Es conocido el pleito entre los productores de cava por el uso de la botella esmerilada y otras que va imponiendo el diseño, cada día más presente en la comercialización de los vinos.

También son conocidas las botellas aplastadas de los vinos jóvenes y verdes portugueses, y las de los vinos encabezados, con su cuello algo abultado para contener un corcho hinchado por la acción del vino durante mucho tiempo, y de color muy oscuro, algunas veces negro, para preservar el contenido de la potente luz de sus regiones de origen. Algunas botellas cuadradas se usan para Lambruscos de calidad. Las botellas recias y bajas, para vinos de postre, encabezados o no, siempre con gran color y vidrios gruesos.

La botella también es un medio de transporte muy eficaz para el vino y el que garantiza de mejor manera la calidad de su contenido, siempre sujeto inevitablemente a otros perjuicios como son las vibraciones y el calor.

Detalles que hacen al conocedor

Respecto al tamaño de la botella, se ha ido imponiendo la botella de tres cuartos de litro para los vinos de calidad, no obstante es necesario saber que la cantidad de aire incorporada a la botella afecta al vino provocando su oxidación, que es minimizada por el proceso de llenado que lleva el contenido muy cerca del corcho. Este nivel ha de ser revisado con minuciosidad por el comprador ya que es un dato muy revelador del estado del vino y, sobre todo, de la calidad del proceso de guarda al que ha sido sometido.

Si el contenido está casi en la base del corcho, la botella está bien y no presenta alteraciones por culpa del corcho. Si el contenido llega a la base del cuello (hablamos de una botella tipo burdeos normal) y el vino es joven, ha habido algún problema en el encorchado, el tapón pierde o le están dando menos producto por su precio: rechácela sin titubear. Si en cambio se trata de un vino con varios años, es normal que se haya reducido algo su contenido. Esta reducción puede llegar aún a causar mermas más importantes en vinos muy antiguos, de más de 25 años.

Si la botella presenta un contenido inferior a la altura del hombro de la botella, es probable que el corcho esté defectuoso y que el vino no alcance las condiciones ideales para el consumo: es preferible no adquirirla.

La reducción es consecuencia natural del proceso de guarda y envejecimiento del vino y, aunque es normal en las botellas de capacidad estándar (750 cm^3), se suele producir con mucha mayor lentitud en envases de capacidad superior, como los Magnum (de 1,5 litros), ya que contienen más o menos la misma proporción de aire que en el envasado normal de una botella menor. El proceso de reducción va dando al vino una serie de aromas que los catadores llaman «animales», «a cuero», etc. Este *bouquet* es parte de la calidad del vino y el aficionado ha de ir acostumbrando sus sentidos a percibirlo y apreciarlo.

Accesorios para disfrutar del vino

El mundo de la industria del regalo ha encontrado en los accesorios del vino una nueva cantera para su mercado siempre en expansión. Además, el vino se está poniendo afortunadamente de moda tras tantos años en que fue el garbanzo negro de la gastronomía y, de la mano de los mismos médicos que lo atacaron y denostaron, va recuperando poco a poco un gran reconocimiento por su aporte nutritivo y las facultades digestivas de sus taninos.

Tal vez, los accesorios más apreciados son esos que necesitamos imperiosamente, como el sacacorchos, el decantador y el termómetro; luego aparecerán los embudos, los cubos para hielo y otras lindezas de mayor o menor utilidad pero que, puestas en una magnífica caja, pueden reportarnos una amplia sonrisa en forma de regalo.

La copa

A una buena botella hay que recibirla con una copa adecuada, el vino no se puede beber en un recipiente impropio.

Desde hace ya algún tiempo, el vino y la copa se han casado definitivamente y es la copa de vidrio la que se ha impuesto a la metálica, tan apreciada hasta hace relativamente poco tiempo. Al principio, la copa de vino era a imagen y semejanza de las metálicas y adquiría en el arte veneciano la capacidad de arte. Entonces no contaba mucho la precisión que ha adquirido hoy en día la evaluación de las calidades cromáticas del vino.

Ello nos lleva a cambiar radicalmente el planteamiento de compra de las copas para el servicio en casa; la copa abandona su sofisticación dieciochesca y se tecnifica gracias a la popularización del buen gusto y los conocimientos sobre percepciones de los sentidos aportados por los sumilleres.

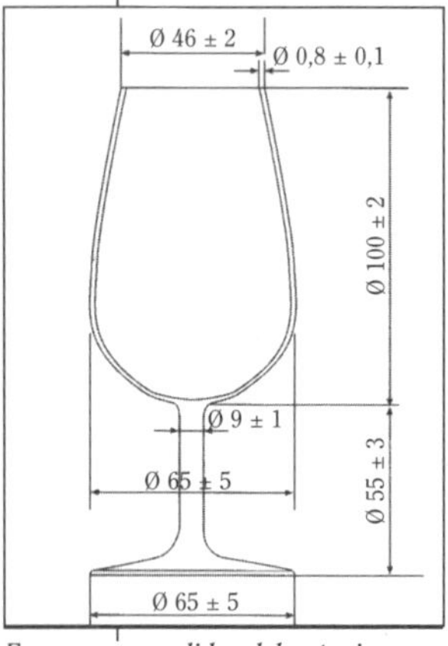

Esquema y medidas del catavinos profesional.

En definitiva, la copa de una mesa moderna es sencilla, bien proporcionada y de vidrio o cristal fino, con fuste o tallo alto, incolora, con una capacidad de unos 250 cm^3 y con la boca algo más estrecha para concentrar los aromas y permitir su apreciación por la nariz. Nada más lejos que el color tan frecuente en la mesa de nuestras abuelas y en los recargados tallados del cristal de Bohemia que hemos heredado de anteriores generaciones. No es cuestión de abandonarlas sino de usarlas como un detalle decorando la mesa y destinarlas al agua.

Para los vinos hemos de elegir una copa moderna y más profesional además de más neutra. La copa grande ha de ser para los vinos tintos, los de menor tamaño para los blancos y la pequeña para el agua, como la de fantasía si es que preferimos lucir antigüedades. Los jóvenes, cada vez más prácticos, tienden a usar copas idénticas para todos los vinos y algunos inclusive para el cava; no obstante; la flauta larga permite disfrutar del gracioso espectáculo de las burbujas bailando en exclusiva para nosotros. La copa Pompadour ha pasado a la historia o a los postres para servir helados.

La copa alsaciana de tallo verde, la versión topacio oscuro del Rin, las talladas del Mosela y una enorme variedad de copas regionales son hoy en día objetos para el tipismo y han quedado alejadas de la buena mesa donde se comparten, se valoran y se aprecian los grandes vinos.

Recomendamos las copas y no los vasos por una razón muy sencilla: la temperatura de nuestras manos es cercana a los treinta y seis grados y el vino pide siempre temperaturas más bajas; al disponer de un tallo que aleje la cazoleta de nuestras manos no solamente no afectaremos el vino sino que también podremos moverlo ayudándolo a liberar sus perfumes. Oler el vino que vamos a beber es un placer que se va apreciando cada día más.

Hay que tener en cuenta que una botella alcanza para servir un mínimo de seis y un máximo de nueve copas, dato importante para la provisión de vinos a consumir por nuestros invitados.

En general, el servicio se simplifica mucho atendiendo a unas sencillas premisas:

La copa ha de ser sobria, ni demasiado grande, ya que se perdería el contenido, ni demasiado pequeña, que lo inmovilizaría.

Ha de estar primorosamente limpia y libre de pelusas, es fundamental que no tenga ningún olor que modifique los perfumes propios del caldo, ni restos de detergentes y productos químicos de limpieza que puedan afectar la degustación.

La copa en forma de tulipán, típica de Burdeos, es la más común y la que mejor se adapta a cualquier circunstancia; puede usarse la misma medida para el agua y el vino blanco aunque es bueno que sean ambas algo más pequeñas.

Como cabría esperar, el mercado de las copas también se especializa y sofistica, los grandes diseñadores han reunido comisiones de expertos, catadores, productores y enólogos para diseñar nuevos modelos, la copa bordelesa, la tempranillo y un número creciente de nuevos diseños para la mesa exigente y refinada. Por nuestra parte, le recomendamos una copa sencilla de calidad para el servicio diario y con el tiempo, incorporar alguna especialidad adaptada a su selección habitual de vinos para las grandes ocasiones.

El sacacorchos

Tal vez el adminículo más usado, es también un apreciado objeto de coleccionista. Conozco algunos aficionados que no dejan pasar la oportunidad de que un amigo viaje a algún lugar exótico para pedirle que le traiga un sacacorchos. Su tipo es tan variado como rico el ingenio humano, aunque su utilidad es relativa en muchos casos. Hasta la edición del códice Romanov de Leonardo se tenía noticia de algún adminículo similar usado en la corte de los Gonzaga, en Mantova, para extraer tapones de cera de las botellas. En ese códice se puede apreciar el diseño de un sacacorchos típico, compuesto de un hélix para penetrar en el tapón y un sistema de pequeñas patas de cabra para hacer fuerza; probablemente, el diseño, como muchos de los del genial renacentista, no salió de sus misteriosos cuadernos, pero al menos es un referente sobre la inquietud que tenía un encargado de fiestas de un príncipe del Renacimiento.

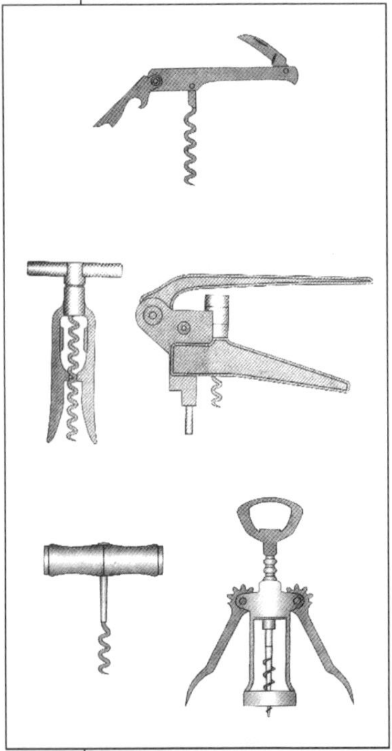

Sacacorchos, el utensilio más usado es también un apreciado objeto de coleccionista. De arriba abajo y de izq. a dcha.: sumiller, sinfín, de palanca, clásico y mariposa.

Al igual que en el caso anterior, el *sacacorchos de camarero* tiene una espiral o hélix de giro horario para adecuarse a la mano diestra; esta aguja helicoidal, de sección cilíndrica en el mejor de los casos, está destinada a penetrar el tapón de corcho sin romperlo para luego extraerlo.

La aguja ha sido rediseñada cientos de veces, adquiriendo sección plana, convirtiéndose en dos, y variando su radio de giro hasta el infinito; el modelo más adecuado es el de un centímetro de diámetro externo, aguja cilíndrica con la punta afilada y ocho o diez vueltas. Los aplanados rompían el corcho, los que tenían mayor número de vueltas lo dilaceraban y los de dos agujas también lo dilaceraban, salvo en corchos muy embebidos. La punta no ha de atravesar el corcho para no verter residuos en el vino, por ello su largo no ha de ser exagerado.

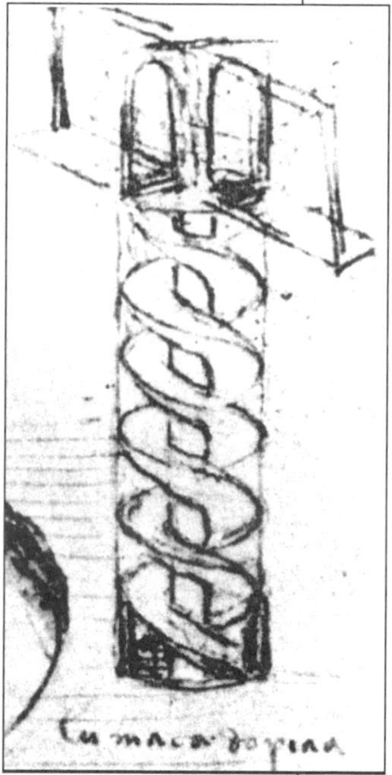

El sacacorchos de Leonardo da Vinci (Códice Romanov).

Si se quiere evitar hacer una exhibición de fuerza destapando un Marqués de Riscal (famoso por la calidad con que encorchan sus caldos), el mecanismo de extracción recomendado es el que tiene un descapsulador que se abre a partir de una de sus puntas y permite hacer fuerza de palanca apoyado en el borde del pico de la botella; en la otra punta suele tener una pequeña navajita para cortar la cápsula.

Otro modelo muy interesante es el denominado *de mayordomo.* Se lo llama así porque permite sacar el tapón sin romperlo y, en teoría, volver a colocarlo en la botella sin dejar huellas del delito. La picaresca sobre el vino, ampliamente recogida en las andanzas del Lazarillo de Tormes, tiene en la versión inglesa su contrapartida con los pobres mayordomos dieciochescos. Muy apreciado para los vinos de California, este artilugio está formado por dos láminas rectas que se introducen entre la botella y el corcho, luego se gira con un certero movimiento de muñeca y el tapón puede ser retirado con el mismo movimiento de giro, combinado con el de extracción. Para su uso se requieren corchos poco compactos y apenas impregnados;

se adapta mejor para un tapón corto que para el vigoroso tapón de un Rioja.

También hay los *sacacorchos de mariposa,* en los que un doble juego de palancas extrae el corcho una vez penetrado por la aguja. Los de barreno continuo garantizan que el centrado sea perfecto y la extracción del corcho suave y sin esfuerzo, además de su propia versión con palanca.

Otros sacacorchos usan el *aire comprimido* clavando una aguja que inyecta aire a la botella, aumentando la presión y extrayendo el tapón; a mí personalmente no me parece aconsejable por dos motivos; primero, porque al atravesar el corcho lo puede romper depositando desechos sobre el vino y luego, porque la adición de aire es siempre motivo de inquietud para el aficionado con cierta experiencia, que no quiere estropear un vino antiguo y delicado.

En definitiva, hágase con un sacacorchos de buena calidad y presérvelo del uso familiar; es un instrumento de uso personal, y dejarlo en la cocina a merced de todos puede deparar terribles sorpresas a la hora de su uso.

El decantador

Ésta es otra historia, pues no será fácil conciliar el espíritu decorativo con el aprecio por un tipo sencillo de frasco. Hay desde siempre maravillas de la cristalería, algunas verdaderas obras de arte del tallado, pero el aficionado moderno preferirá siempre el buen cristal, límpido y sin adornos, un frasco de base amplia con un cuello cómodo en el que verter el vino y proceder con comodidad a la separación de los posos. Además hay que tener en cuenta que estos posos son cada vez menores, no porque el proceso de filtrado (hace unos años abusivo) se mantenga hasta el extremo de modificar la calidad del vino, sino porque todo el proceso de elaboración es considerablemente mejor y el vino se envasa en condiciones de limpieza absolutamente impecables. Los posos del envejecimiento en si mismo no son excesivos y el decantado se va orientando hacia la oxigenación de los vinos más jóvenes y, sobre todo, de los vigorosos vinos del año, mientras el conocedor aprende a apreciar los aromas de reducción otrora denostados.

Hay frascos de todas las formas y medidas, y su diseño y entidad están regidos por el vaivén de la moda. Las cristalerías de Baccarat de los años veinte tenían al menos dos botellones en su dotación estándar; hoy, en cambio, la mayoría de las cristalerías no tiene ninguna y la que lo lleva es del modelo más adecuado para los licores que para escanciar un vino.

Tres diferentes tipos de decantadores.

Los hay de todo tipo, aunque en España conservamos el aprecio por un diseño algo barroco, la del botellón en forma de pato con un pico metálico en una punta y el asa en la otra. Durante muchos años, ese tipo de botellón fue muy frecuente, sobre todo porque el proceso de elaboración de los vinos imponía como necesaria la decantación para extraer los posos resultantes, más del mal filtrado que del añejamiento del caldo.

En la actualidad, se va imponiendo el decantador profesional de buen cristal incoloro, con amplia base redonda y un pico abierto y diáfano para favorecer el fácil vertido del vino en una sola operación. También hay un modelo en el que la boca presenta un ensanchamiento cilíndrico como una cazoleta que facilita que el líquido se vierta por las paredes sin caer directamente en el fondo provocando vibraciones. Además, hay otras soluciones en el diseño que integran una suerte de embudo formado por un más amplio desboque.

El aficionado ha de contar con un decantador para una botella de tres cuartos, pero también los hay para las botellas Magnum de un litro y medio si usted acostumbra a usarlas.

El embudo

El embudo es un adminículo de gran uso en enología, ciencia que en definitiva es una variedad muy especializada de la química biológica. Hay un diseño que se está poniendo muy de moda en el que el contenido no sale por el fondo del tubo sino por varios agujeros laterales, favoreciendo el vertido en la decantación al evitar que el líquido caiga directamente sobre el fondo. El aficionado que se dedica a guardar vinos necesita de un embudo de confianza para rellenar la merma de las botellas que reencorche, y quien disfrute embotellando vinos a granel tendrá que disponer de uno en perfecto estado para no contaminar el producto envasado.

Los embudos pueden ser metálicos, de vidrio o de plástico. Personalmente prefiero los de vidrio, por su facilidad de limpieza y la garantía de un control efectivo de su estado. Si ha de usar un embudo, huélalo previamente y, si es posible, enjuáguelo con el mismo vino que desea manipular.

El termómetro

El termómetro es un elemento necesario, al menos en el periodo en el que coge el hábito de tratar con los vinos. Su uso es frecuente en alta enología y puede utilizarse en algunas ocasiones en las que el entorno de culto al vino lo permitan o en el caso en que el sumiller, un hombre con oficio, se lo facilite y esté dispuesto a conversar con usted sobre el caldo a consumir. Siempre podrá darle al experto la oportunidad de lucir sus conocimientos y dejar que aprecie en usted al aficionado interesado. La práctica irá relegando ese utensilio al desuso y al cajón de las joyas olvidadas, aunque tener uno de calidad es siempre algo que el aficionado aprecia y un regalo que se recibe con verdadera alegría.

El cubo de hielo

El cubo de hielo es el complemento indispensable para el servicio; los hay de mil formas y materiales, desde los nobles metales y los punzones más famosos al modesto y colorido plástico, más propio de un bar de moda que de un *Bistrot a vins.* Particularmente prefiero los de cristal con asas metálicas, rectos, sencillos y sin tallas, aunque hay verdaderas joyas de la más apreciada cristalería.

El cestillo

El cestillo es un adminículo de gran utilidad en el servicio y transporte de vinos de calidad; queremos destacar la palabra transporte porque la función del cestillo es evitar que el vino, que se supone muy delicado, sufra vibraciones excesivas que puedan alterar sus propiedades. El uso indiscriminado del cestillo nos ofrece el triste espectáculo de vinos que son traídos balanceándose por el gollete y que luego son ofrecidos en primorosos cestillos como si fueran joyas; si lo fueran de verdad, habrían sufrido un daño irreparable. Los hay también de mil materiales y algunas versiones metálicas, a veces de original diseño. Su uso ha de estar justificado o se puede caer fácilmente en la cursilería.

El atril de vinos

Los vinos que uno prepara para sus invitados han de lucir en plenitud. Han de estar situados en la mesa o en un mueble auxiliar antes del servicio para poder adaptarse a la temperatura. El atril, que es un soporte para unas cuantas botellas y a veces de muy feliz diseño, permite disponer los caldos en un entorno perfecto para el lucimiento.

Otros accesorios para la bodega familiar

Si usted se orienta por la bodega familiar, el número de objetos que habrán de acompañarle se multiplica de forma notable, desde una sólida mesa de trabajo donde instalar la encorchadora para sus reencorches a un pequeño hornillo y un recipiente para calentar el agua para hinchar los corchos, otro para enfriarlos, otro para darles un baño de parafina, un atril para secar las botellas, un cubo, un embudo de pico largo especialmente protegido del polvo y contaminaciones para el trasiego, una cajita para tener el azufre y las cerillas, un termómetro y un higrómetro para controlar la temperatura y humedad de su cava, un fuelle para inyectar aire a las botas si se orienta por tener algún caldo envejeciendo en madera (por ejemplo, un Oporto) y un nuevo y creciente etcétera, muchas veces apasionante.

Hay muchos otros elementos que día a día entran y desaparecen del servicio del vino, arte de gran nobleza y distinción que ha de dotarse del toque de naturalidad que evite las poses, los tópicos y los amaneramientos innecesarios.

> Los vinos en la mesa merecen un momento de la conversación, y el aficionado ha de disfrutar de esos comentarios, de los que extraerá siempre nuevos y enriquecedores conocimientos.

El servicio del vino

El momento de servir el vino es el punto culminante de una relación que comienza con la afición a él. Desde muy antiguo ha sido considerado un momento clave en las relaciones humanas, cargado de especiales refinamientos y simbolismos. Los jefes guerreros sellaban sus alianzas en torno a una jarra de vino. Cientos de Estados han nacido alrededor de una copa, miles de acuerdos de paz se han sellado con un brindis. El vino en el amor es y ha sido fundamental vehículo de confianza, desinhibición y ternura. Usted mismo puede recordar al menos un par de ocasiones en las que el vino ha sido un medio de comunicación humana trascendental para su vida, y es, en función de esa importancia, que vamos a repasar cada uno de los aspectos que merecen tenerse en cuenta, tanto al recibir el servicio como al brindarlo a nuestros comensales.

El vino en el restaurante

Cuando somos los anfitriones de una comida en un restaurante, hemos de cuidar especialmente los detalles referentes al vino. Si es un sitio al que acudimos por primera vez, es conveniente que pidamos junto con la carta la lista de vinos para hacernos una composición de lugar del auténtico refinamiento del servicio. Observaremos primero las copas, que han de ser de cristal o vidrio fino y sin adornos, la de agua más pequeña que la de vino. Si la carta de vinos está confeccionada en una carpeta de una determinada bodega, será síntoma de que las recomendaciones que recibamos estarán, en parte, orientadas por los compromisos adquiridos con la marca y no por los conocimientos del encargado del restaurante. Tenga mucho cuidado con los errores en la redacción de la carta que puedan inducirlo a confusión o a engaño; pida todas las aclaraciones que estime conveniente y si no lo tratan bien al hacerlo, márchese.

Una carta clásica presenta los vinos organizados por color o por tipo y por regiones, divididas a su vez en subregiones, pagos o denominaciones de origen. Algunas especialmente agradables son las que presentan los vinos organizados por variedades de uva. Siempre deben estar ordenados por orden de precio, del menor al más costoso. Debe haber una buena variedad de vinos de la región, las denominaciones clásicas y una selección de buenos vinos extranjeros. Las cartas más breves y equilibradas sugieren que el sumiller conoce y ha catado personalmente los vinos que ofrece.

Apreciaremos especialmente las cartas que presentan información abundante de cada vino, reproducciones o fotocopias de las etiquetas y contraetiquetas, recortes de revistas especializadas con datos de cata, etc. Además, observaremos si las añadas ofrecidas no sobrepasan los siete u ocho años en cuyo caso nos podremos encontrar con vinos procedentes de la liquidación de alguna colección, comprada en una subasta y con poca garantía de haber cumplido con los cánones establecidos para una buena conservación.

Si encontramos algún vino que nos resulte atractivo podemos plantear el menú sobre su base, consultando con el *maître* los platos que él nos sugiere como más adecuados para su degustación en armonía. También podemos prestar atención al vino de la casa, probarlo como aperitivo si nos ofrecen una copa o media botella y, sobre todo, examinar la botella y leer sus etiquetas para valorar si se trata de una primicia o de un vino corriente.

No le recomendamos dejarse llevar por ninguna sugerencia con cortes de imposición. Elija dentro de sus propios gustos y preferentemente vinos jóvenes y frescos, si es posible de la región, con lo que ampliará su conocimiento sobre una zona que tal vez no tenga aún representada en su bodega familiar. Si el grupo de comensales es superior a cuatro personas no dude en orientarse por una botella Magnum para el vino principal, como tampoco ha de dejar de seleccionar un blanco y un tinto para dar opción a sus invitados de elegir el que mejor acompañe al plato elegido. Si hay sumiller, sobre todo un joven atento en España o Italia, ya que en Francia no suelen ser muy simpáticos ni muy dados a la conversación y muchas veces sólo hay un pariente del dueño del restaurante con pocos conocimientos, no dude en conversar con él sobre el vino y mostrar interés sobre si el establecimiento cuenta con una cava propia o con un armario de guarda.

Seleccione sus vinos sin perder de vista la columna de los precios, no permita que el vino cueste más que tres o cuatro veces su valor de mercado y no se deje tentar por añadas míticas si no está muy seguro de que el proceso de guarda ha cumplido escrupulosamente con todas las garantías. En ocasiones, los vinos de precios moderados ofrecen calidades excelentes.

Cuando le traigan la botella no dude en cogerla suavemente en sus manos y, con ademanes delicados para no agitar el contenido, leer sus etiquetas interesándose especialmente por la añada y repasando a la vez el aspecto general de la botella, que ha de presentarse aseada aunque los vinos antiguos pueden exhibir un noble depósito en la superficie del cristal. El aspecto de la etiqueta le revelará si la cava es húmeda o más bien seca, detalle que será fundamental a la hora de valorar el estado del corcho y determinar si éste ha protegido bien el caldo o si le ha transmitido sabores de moho. Observe su contenido a trasluz, examine el pozo y valore y comente la necesidad o no de decantarlo.

Aproveche ese instante para apreciar la temperatura del vino a través de su envase, no dude en pedir un cubo de hielo si ve que los tintos tienen mucha temperatura o hacer sacar del cubo a un blanco si la temperatura es inferior a los deseados diez grados centígrados. Puede usar un termómetro si no tiene mucha experiencia aunque para muchos resultará un acto pedante; puede obviarlo pidiéndole al sumiller que lo controle y hasta pedirle que le deje su termómetro si hubiera algo que discutir al respecto.

Si es un vino de guarda puede catarlo antes de decidir su decantación, valorando si conviene apreciar los sabores de reducción que presenta como un defecto a corregir o como una virtud a disfrutar.

Afortunadamente, cada día son menos los restaurantes que ofrecen una larga lista de antigüedades y gloriosas añadas. El gusto por el vino ha ido cambiando con la difusión de sus verdaderas cualidades y poco a poco se ha ido perdiendo ese concepto casi religioso que sugería que el vino por ser viejo era bueno. Con ello también se ha perdido una curiosa práctica que es el degüello de una botella cuando el corcho se ha pegado y la insistencia en su extracción puede afectar al vino. He visto hacerlo muchas veces a mi abuelo. Una vez, en el hotel Claridge de Buenos Aires, el sumiller apareció con un pequeño hornillo de carbón y un par de pinzas especiales metidas en su seno. La botella permanecía en un cestillo y, prácticamente sin tocarla, aplicó una de esas pinzas al rojo durante unos instantes en el cuello de la botella por debajo del corcho, la retiró para dejar caer unas gotas de agua sobre la zona calentada, el vidrio se cortó limpiamente y dejó el vino libre para ser decantado tras unos minutos de espera para que se enfriara la zona recalentada y no afectara al caldo.

Hoy, el sabor afrutado nos lleva a consumir en los restaurantes preferentemente vinos jóvenes y ha revitalizado el arte de la decantación al optarse muchas veces por oxigenar estos vinos, práctica que en muchas ocasiones potencia su suavidad y redondea sus aromas.

Cuando le sirvan el vino observe la habilidad del camarero y, si ve que lo agita demasiado, libérelo sin miramientos de esa tarea. No permita que le rellenen la copa en más de un tercio de su capacidad ni que lo hagan sin su consentimiento.

A la hora de la cata, no dude en ofrecer ese honor a su invitado o al más experto de la mesa, es un acto de cortesía que se aprecia en gran medida. Si el vino ha sido decantado, la botella ha de estar presente y puede hacerla circular, lo mismo que al corcho, entre sus invitados.

Dedique al vino unos minutos de la conversación, permítase en plena reunión de negocios ese instante de relax y placer. Vale la pena, y con seguridad sus invitados apreciarán ese corte como un acto de buen gusto.

El sumiller ha de presentarle la botella, inclusive las segundas, para que usted pueda comprobar la añada y calidad del producto. Para cada nueva botella pida una copa nueva para la cata, puede cambiarlas todas aunque siendo el mismo vino no suele ser necesario.

Custodio L. Zamarra, reputado sumiller de un prestigioso restaurante de Madrid.

Una práctica muy apreciada, y relacionada con los nuevos armarios para conservación de vinos que tienen muchos restaurantes, permite ofrecer al cliente el vino por copas al poder guardarse las botellas abiertas en óptimas condiciones de temperaturas y bajo gases inertes que no lo afectan. Gracias a ello, es cada día más frecuente poder probar diferentes vinos de prestigio durante una comida y, sobre todo, poder encontrar con más facilidad el vino adecuado para cada plato de cada comensal. No dude en vivir la experiencia si se la ofrecen.

El servicio en casa

Disponerse a la ceremonia del vino en casa es ya la culminación del aficionado y el broche de oro a una larga pasión no exenta de un alto costo en dedicación y medios económicos.

Toda buena celebración requiere un tiempo adecuado de preparación. Huya de la improvisación e infórmese sobre la preparación de los platos, luego consulte el libro de su bodega y escoja con tranquilidad, teniendo no sólo en cuenta los factores gastronómicos que han de coincidir sino también los gustos personales de sus invitados.

Es muy probable que le traigan vinos como obsequio; no los abra para acompañar sus platos, agradézcalos comentando su calidad, su añada, la variedad de su uva y, si las tiene presentes, las valoraciones de las últimas catas que vienen recogidas en alguna revista especializada o en los suplementos dominicales de algunos periódicos, y deles entrada en el libro de su bodega para que tengan tiempo de reposar y adaptarse al nuevo medio. Puede, eso sí, ofrecer una botella obsequio anterior de uno de sus invitados si se adapta bien al menú, comentando con él el progreso que se supone ha tenido el vino en el tiempo que ha pasado en su bodega.

El marco ha de ser especialmente cuidado, los manteles blancos potencian la apreciación del color de los vinos y dan al ambiente una calidez agradable, aunque hoy hay otras combinaciones de colores que la misma decoración va imponiendo y que pueden ser también mágicas para una velada perfecta.

Seleccione las copas para la ocasión, una copa grande para los tintos, una algo más pequeña para los blancos o rosados y una bella flauta para los espumosos. Para el agua disponga de una copa menor, o tal vez de alguna joya de anticuario con la que quiera decorar el conjunto de su mesa; si es así, aproveche también unas jarras antiguas para verter las aguas minerales.

Repase los datos de los vinos que servirá, para poder comentarlos con sus amigos durante un breve corte en la conversación coincidiendo con el servicio de cada vino.

La temperatura de servicio. El punto clave en el servicio de sus vinos está en la temperatura. Las publicaciones especializadas ofrecen listas demasiado prolijas para ser seguidas, ya que le obligarían a un trabajo ímprobo y a una obstinación necesariamente ridícula. La consecuencia natural es que, la mayoría de las veces, tanto en su casa como en un restaurante, los vinos blancos se sirven demasiado fríos y los tintos demasiado calientes. La solución es mucho más sencilla; aunque la temperatura es importante, el espectro al que se puede aplicar el servicio es mucho más amplio, entre los 5 y los 20 °C (veáse el dibujo adjunto), siendo la parte baja de esta indicación la dedicada a los blancos sin carácter y la alta a los tintos intensos y con crianza. Los rosados y claretes se pueden situar en el centro de esta escala. A este respecto hay tema para discusiones interminables, pero a temperaturas por debajo de los diez grados las papilas gustativas detectan poco y el necesario complemento olfativo se encuentra muy deprimido por la falta de energía de las moléculas a captar por los detectores olfativos. A nos ser para vinos blancos muy suaves o espumosos, se prefiere consumir los vinos al menos de 8-10 °C.

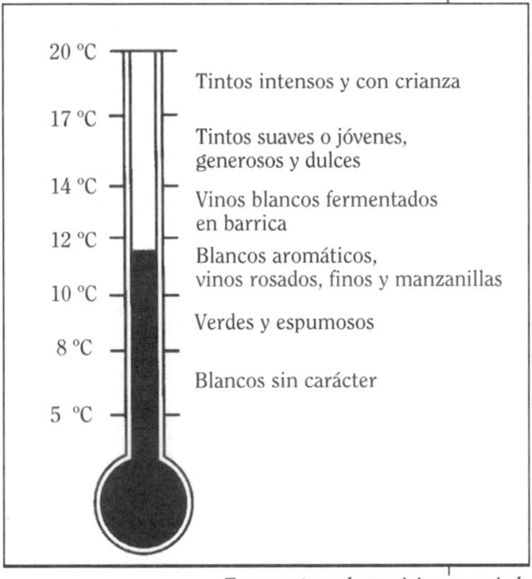

Temperatura de servicio aconsejada para los diferentes vinos.

A temperatura de comedor, si extraemos los vinos entre los 13 y los 15 ºC podremos llevar los tintos a su punto óptimo y los blancos a su cenit con sólo sumergirlos unos minutos en una mezcla de hielo y agua en una sencilla cubitera.

Como resumen orientativo, las temperaturas recomendadas de servicio del vino son: vinos tintos intensos y con crianza, 17-20 ºC; vinos tintos suaves o jóvenes, generosos y dulces, 14-17 ºC; vinos blancos fermentados en barrica 12-14 ºC; vinos blancos aromáticos, vinos rosados, finos y manzanillas, 10-12 ºC; vinos verdes y espumosos, 8-10 ºC; vinos blancos sin carácter, menos de 8 ºC.

No vemos adecuado el excesivo celo en la precisión de la temperatura, y mucho menos las soluciones dramáticas, como la inmersión en baño María o el golpe en un microondas, ya que, por muy breves que sean, hacen vibrar las moléculas dentro de la masa del vino y pueden terminar afectando a algunos de sus componentes más lábiles. Poner el vino en una cubitera (siempre es mejor una mezcla de hielo con agua) es útil para los blancos y los espumosos, que piden temperaturas más bajas, pero en ambos casos la etiqueta se suele desprender por lo que hay que dejar a la vista otra botella igual para que pueda ser apreciada por los comensales.

Fomentar el amor por el vino y su protocolo pasa, sin duda, por contagiar a los amigos, familiares y conocidos de esa pasión. Por ello, no es de desdeñar que trasmitamos a nuestros hijos más jóvenes el amor por el vino y que los introduzcamos en su conocimiento. Siendo así, incluso podremos disponer de su «servicio», pagado o no (el vil metal manda), para servir el vino en momentos y celebraciones especiales Es un detalle de muy buen gusto que al cuidado de los vinos esté un joven bien vestido y con buenas maneras a quien todos conocen y aprecian.

La luz ha de ser un factor a cuidar especialmente. Los vinos agradecen una iluminación puntual y para eso no hay nada mejor que las velas en un bello candelabro procurando que éstas no causen con su altura problemas a la hora de la conversación. Las soluciones de los nórdicos con sus pequeñas velas bajas suele ser un detalle muy agradable.

Hay que evitar los fluorescentes y las luces azuladas que demacran las facciones y los vinos, ensuciando los reflejos dorados y empalideciendo y amarronando los colores cereza de los caldos.

Los vinos han de lucirse, exhíbalos en una mesa auxiliar o en la misma mesa del comedor y proceda escrupulosamente a su ritual de servicio:

- Corte la cápsula por debajo del gollete, si debe decantar el vino retírela completamente para poder observar mejor los posos a eliminar.
- Limpie el borde de la botella y tapón con un paño limpio.
- Extraiga el corcho con cuidado tratando de no agitar la botella y utilizando un sacacorchos de su confianza; tenga cuidado de que la aguja helicoidal no perfore el tapón para no ensuciar el vino.
- Revise el corcho, huélalo y ofrézcaselo a los comensales que lo quieran observar.
- Limpie el pico de la botella nuevamente con una servilleta perfectamente limpia.
- Vierta en la copa de la persona que va a catar el vino una cantidad suficiente para poder apreciarlo (algo menos de un tercio de la copa); viértalo con alegría para que el vino pueda ventilarse.
- Comenten el vino, hablen de él unos instantes, permita que otros comensales también lo caten o lo huelan y aproveche ese instante para lucir alguno de sus conocimientos, hacer alguna breve mención de las cualidades o la añada o destacar alguna virtud apuntada durante sus catas privadas.
- Sirva el vino por el lado derecho de cada comensal; particularmente no soy partidario de los collarines utilizados para evitar manchar el mantel, para ello basta con un

ligero giro de la botella antes de retirarla; quien sirva el vino ha de cuidar ese detalle.

Sirva los vinos comenzando por los blancos sin crianza, continúe con los blancos con crianza, los tintos jóvenes y los grandes tintos, para terminar con los vinos encabezados.

Previamente y como aperitivo, distanciado de la comida principal, es habitual ofrecer un refresco más o menos alcohólico de origen frutal o un aperitivo alcohólico acompañado por pequeñas delicias de la cocina. Las tapas españolas se están poniendo de moda en la cocina internacional y hoy nos vemos sorprendidos por esa práctica llevada a niveles de arte en los mejores restaurantes del mundo y en las comidas de negocios más representativas.

Los espumosos requieren un especial cuidado a la hora del servicio. Recomendamos envolver el cuello con un paño impecablemente limpio, extraer el morrión que protege el corcho, sostener firmemente el corcho y girar la botella sostenida por el fondo. Extraer entonces el tapón con suavidad evitando su lanzamiento; si el vino tiende a salir bastará con aplicar la palma de la mano sobre la boca para frenar su ímpetu y tras unos segundos proceder a servirlo en una copa. Conviene coger la botella por su base para escanciarla en las copas, acto que se hará lentamente y en sucesivas veces para no provocar su vertido.

Esperar a que quien lo pruebe vierta su opinión antes de proceder a su servicio y, sobre todo, no olvidar un breve comentario sobre el caldo que se va a beber.

Decantado del vino. No dude, si es necesario, en decantar sus vinos delante de sus invitados; para ello ha de disponer de un botellón y una fuente de luz que le permita observar la evolución de los posos en la botella, suspendiendo el vertido del líquido cuando los posos se acercan peligrosamente al cuello de la botella.

El vertido ha de efectuarse con pulso firme y de una vez, haciendo deslizar el líquido por la pared del botellón para que no se produzcan burbujeos y el vino sufra la menor alteración al encontrarse con el oxígeno del aire tras largos años de aislamiento.

Luego cátelo y comente con sus comensales el resultado, ofreciendo la botella y el tapón a los que los quieran observar.

Hoy en día, los vinos son distintos a los que originaron las tradiciones que los sustentan. La fermentación se hace a temperaturas controladas y en ambiente de gases inertes, se valora más el sabor a fruta madura que el grado alcohólico, y la suavidad y riqueza aromática que su propia añada. Muchas regiones, otrora productoras de vinos de calidad modesta, están produciendo vinos extraordinarios de la mano de nuevos y jóvenes criterios. También la práctica de la decantación se está adaptando a los tiempos, ya que los vinos no son tan añejos como para formar grandes posos que hagan tan imprescindible esta práctica como lo fue para los clásicos Burdeos que la originaron en las mesas inglesas. La producción es más limpia, aunque paralelamente el filtrado va perdiendo aprecio y un pequeño poso vuelve a adornar los caldos jóvenes que usan la decantación como un paso para ventilarse, ofreciendo con más facilidad su potencia de fruta madura y la suavidad más redonda de sus taninos.

Creemos que en poco tiempo será una práctica regular en nuestros comedores decantar los vinos jóvenes y apreciar con religiosa contracción esos sabores moderados de reducción que nos ofrecen los cada vez más escasos vinos de larga guarda.

Glosario

abocado Vino que, sin ser dulce, comunica cierto matiz azucarado al paladar.

acidez Conjunto de ácidos orgánicos contenidos en la propia fruta (ácido láctico, ácido málico, ácido tartárico, ácido cítrico) que confieren al vino sabor y frescura y lo protegen de las bacterias.

ácido acético Resulta de la oxidación del alcohol vínico y se encuentra en pequeñas cantidades en todos los vinos produciendo un sabor avinagrado; si se da en exceso el vino se avinagra.

ácido cítrico Ácido natural de la uva de sabor agrio.

ácido láctico Aparece durante la fermentación maloláctica del vino.

ácido málico Se encuentra en las uvas verdes y transmite un sabor acerbo al vino por el que se le reconoce.

ácido tartárico Ácido fijo natural de la uva de gran importancia en el proceso de vinificación.

acorchamiento Efecto de un corcho defectuoso en el vino que deja olor y sabor a corcho o moho y lo invalida.

afrutado Vino con sabor a fruta, procedente de uva madura y sana.

aguado Vino de baja graduación alcohólica, acidez y extracto.

aguja Se llaman vinos de aguja a los que contienen una ligera efervescencia gaseosa, menos pronunciada que en los espumosos, que pica el paladar y la lengua.

ajerezado (Ver *rancio.*)

alcohol Es uno de los elementos esenciales del vino y se forma durante la fermentación del mosto. Debido a la acción de las levaduras, el azúcar natural del zumo de la uva se descompone en cantidades casi iguales de alcohol y gas carbónico. Es un soporte esencial de la conservación del vino y su proporción en relación al volumen de vino embotellado (% del vol.) puede cambiar en función de las variedades, los suelos y los climas.

aloque (Ver *clarete.*)

amargo Sabor desagradable que adquieren aquellos vinos que han tenido una fabricación problemática. Un ligero amargor, que no sea agresivo, debe ser agradable y es característico de los Manzanillas de Sanlúcar y de algunos tipos de Montilla y Jerez.

ámbar Color amarillo dorado que adquieren algunos vinos blancos al envejecer.

amontillado Es una especie de fino, añejo y firme, muy seco y aromático, de color ámbar. Es característico de Jerez y su nombre se asocia al de Montilla.

amplio Se dice del vino con riqueza de sabores, que produce la sensación de llenar la boca.

añada Año determinado de una vendimia. Año de producción del vino.

añejo Vino envejecido por los años.

apagado Insípido, opaco, falto de acidez o espumoso que ha perdido gas.

armónico Vino muy equilibrado en su aroma y sabor.

aroma Es el perfume exhalado por un vino, más específicamente las sensaciones percibidas tanto en la nariz como en la boca. Los aromas primarios son los perfumes naturales y frutales de la uva, los secundarios se originan en el proceso de fermentación y los terciarios en la maduración y crianza del vino.

áspero Sensación de dureza debida al exceso de taninos que hacen a un vino ácido y astringente
astringencia Sensación de rasposidad debida al exceso de taninos.
aterciopelado Sensación del gusto equivalente a un tacto suave.
avinagrado Vino que está en camino de convertirse en vinagre después de sufrir alteraciones por los ácidos.
azúcar residual Azúcar presente en el vino una vez finalizado el proceso de fermentación

balsámico Aroma generado por una crianza en madera estimulada por altas temperaturas. Se refiere asimismo al perfume de eucalipto, incienso y alquitrán.
barrica Recipiente de madera para la crianza del vino con un contenido aproximado de entre 225 l y 250 l.
basto Vino vulgar, de baja calidad.
bodega Recinto espacioso destinado a la elaboración, crianza y embotellado del vino. Designa también el lugar de venta de los vinos al por menor y al espacio dedicado en el hogar para guardar los vinos.
bota Barrica.
brut Vino espumoso natural (cava), seco, con una presencia de azúcares inferior a 15 gr/l.
brut nature Vino espumoso natural con azúcares en cantidad inferior a 6 gr/l.
buqué (del francés *bouquet)* Conjunto complejo y agradable de aromas y sensaciones que surgen de un vino determinado en su punto óptimo después de un proceso de maduración en barrica y botella.

cabezón Se dice del vino que contiene productos químicos para su conservación y que provoca malestar y dolor de cabeza.
cálido Cualidad del vino de cierta graduación que causa un beber agradable.
cápsula Envoltura, generalmente de plomo, que se coloca alrededor de la parte superior del cuello de la botella una

vez se ha introducido el corcho y que garantiza que el vino no ha sido descorchado con anterioridad.

carnoso Cualidad del vino con buen cuerpo, que produce una sensación de plenitud en la boca.

cata Es la operación de experimentar, describir y valorar un vino de forma metódica mediante el análisis sensorial.

cava Vino espumoso natural que se obtiene mediante una segunda fermentación en botella. Se dice también de la nave subterránea de crianza para vinos y espumosos.

chaptalización Operación que consiste en adicionar azúcar al mosto para aumentar el contenido en alcohol del vino obtenido.

château Castillo, en francés. En enología designa a una explotación vinícola.

clarete Vino tinto-rosado, ligero y de color anaranjado claro, obtenido de la fermentación del mosto procedente de la mezcla de uvas tintas y blancas o de sus mostos. También llamado vino aloque.

clarificación Operación que consiste en adicionar productos al vino antes de su embotellado con el objeto de arrastrar elementos en suspensión no deseables.

Consejo Regulador Organismo formado por representantes de los sectores viticultor y bodeguero de una determinada denominación de origen, que controla la calidad y el origen de los vinos amparados por dicha denominación y procura su promoción.

contraetiqueta Sello acreditativo del Consejo Regulador que garantiza su calidad y origen y se coloca en la parte posterior de la botella.

corto Se dice del vino que resulta muy ligero y cuyo sabor dura poco en el paladar.

coupage Término francés que designa la mezcla de vinos de distintas variedades y que tiene por objeto conseguir un vino de calidad superior a cada elemento considerado por separado. Es un arte difícil y fundamental en la ciencia enológica.

crémant Vinos espumosos franceses no elaborados en la región de Champagne.

crianza Proceso de envejecimiento en bota, barrica o botella a que se somete al vino en condiciones controladas y gracias al cual adquiere unas determinadas características de color, olor y sabor. También significa tiempo de envejecimiento en barrica establecido por las D. O. para cada denominación específica y vino que cumple esa normativa.

cru Palabra francesa que significa «pago» y que designa al vino de un pago o viñedo en concreto o se refiere, en conjunción con un calificativo, a una jerarquía cualitativa.

cuba Recipiente destinado a acoger los mostos en fermentación para vinificarlos o conservar los vinos.

cuerpo Grado de vigor del vino dependiente de su riqueza en vejez y porcentaje alcohólico.

decantación Acción de trasvasar el contenido de una botella a una jarra o recipiente cristalino con el fin de eliminar posos en vinos viejos o precipitar la oxigenación en cualquier tipo de vino.

degüello Parte del proceso de elaboración de los vinos espumosos naturales en el que se eliminan las lías formadas durante la segunda fermentación en botella y depositadas junto al tapón.

delgado Vino de baja graduación alcohólica, poco extracto y baja acidez.

delicado Vino que en la boca produce sensación armoniosa y caracteres sutiles no muy intensos pero vivos y agradables.

denominación de origen Región, comarca o zona de producción delimitada que reúne una serie de características específicas que singularizan a un vino. Se aplica a los vinos españoles cuya elaboración sigue unos parámetros de calidad y tipicidad y cuyo origen está certificado por el Consejo Regulador.

despalillado Operación que consiste en eliminar la parte leñosa del racimo que tiende a hacer el vino áspero y amargo.

D. O. Denominación de origen.

D. O. C. Denominación de origen calificada.

duela Cada una de las piezas de madera que conforman la estructura curva de la barrica.

dulce Se dice del vino con alto porcentaje de azúcar, superior a 45 g/l, procedente de uvas muy dulces, maduras y soleadas.
duro Vino demasiado astringente y tánico, no equilibrado. Suele ser una característica de los tintos jóvenes destinados a una larga crianza.

elegante Vino armonioso y equilibrado.
embocado (Ver *abocado.*)
emparrado Estructura destinada a sostener una viña en posición horizontal para evitar las grandes insolaciones.
encabezado Se dice del vino al que se le ha adicionado alcohol destilado procedente del vino durante la fase inicial de su crianza. Esta técnica se aplica para obtener vinos generosos.
enólogo Persona experta en la elaboración y crianza de los vinos.
equilibrado Cualidad de los buenos vinos en los que los sabores y aromas están armónicamente combinados.
espumoso Vino que conserva anhídrido carbónico, resultado del agregado de sacarosa y levaduras que causan una segunda fermentación y generan la formación de burbujas que permanecen largo tiempo.

fermentación alcohólica Etapa decisiva en el proceso de elaboración del vino. El zumo de uva se transforma en vino cuando los azúcares contenidos en el mosto se convierten en alcohol, gas carbónico y calor por la influencia de levaduras presentes en el hollejo de la uva. También llamada primera fermentación.
fermentación maloláctica Etapa, también llamada segunda fermentación, en la que el ácido málico se transforma en ácido láctico, más suave que aquél.
filoxera Plaga originada en Estados Unidos que ataca las raíces de la viña. Tras llegar a Europa, por Francia, a finales del siglo XIX, causó estragos en muchos países.
fino Vino noble y elegante. Así se designa también a un tipo básico de Jerez.

franco Vino sin defectos ni alteraciones en olfato y en gusto.
fresco Vino generalmente joven y frutoso, con acidez agradable y que produce sensación de frescura.
frutoso Vino en el que se aprecia el sabor y el aroma de la fruta madura. Por lo general, es un vino joven.

generoso Vino elaborado con procesos especiales y de graduación alcohólica estimable, superior al 15 %. Puede ser seco, abocado o dulce.
graduación Proporción de alcohol que contiene el vino. Se calcula según la cantidad contenida por cada 100 litros de vino. Un vino de 13° tiene 13 litros de alcohol puro por cada 100 litros. Los vinos con cuerpo son los que superan los 12° y los que tienen de 9° a 12° se consideran ligeros.
gran reserva Son los vinos de las mejores cosechas y de larga crianza, cinco años como mínimo para los tintos (dos años naturales en barrica de roble y tres en botella) y cuatro años como mínimo para los blancos (seis meses en barrica y el resto en botella).

heces (Ver *lías.*)
hollejo Piel de la uva madura.

granvás Proceso para la fabricación de vinos espumosos en cubas mediante la adición de azúcar y levaduras.

joven Vino del año, sin crianza, que conserva sus cualidades afrutadas.

largo Vino que persiste a su paso por la boca.
levaduras Hongos microscópicos unicelulares, presentes en el hollejo de la uva fresca, que producen la fermentación alcohólica del mosto.

lías Posos que deja el vino en las barricas o botas tras la primera fermentación.
ligero Vino con baja graduación y poco cuerpo.

maceración Proceso en el curso del cual el hollejo está inmerso en el mosto que está fermentando.
maderizado Vino blanco envejecido por oxidación, que se reconoce por un color ámbar oscuro y cuyo sabor recuerda al de las islas Madeira.
Magnum Nombre con el que se designa a la botella de 1,5 litros de capacidad.
mistela Vino dulzón, obtenido por la adición de alcohol al zumo de uvas maduras antes de fermentar.
mosto Zumo de la uva sin fermentar, obtenido por estrujado o prensado.

organoléptico Sensaciones de olor, color y sabor producidas por la percepción sensorial del vino.
oxidación Se produce cuando el oxígeno del aire está en contacto directo con el vino, alterando sus cualidades de forma distinta según el tipo de vino.
oxidado Vino que ha visto alterado su aroma, color y sabor por contacto excesivo con el aire.

pago Terreno o zona vinícola con una característica común determinada.
pálido Vino blanco o rosado de baja intensidad cromática.
peleón Vino basto y corriente, de muy baja calidad.
picado Vino avinagrado por exceso de ácido acético.
persistente Característica de un vino que provoca sensaciones duraderas de sus cualidades gustativas en boca y por vía retronasal.
plano Vino carente de personalidad y falto de acidez.

rancio Vino añejo, con aroma y sabor característicos. Es licoroso, seco y oxidado y se le dice también «ajerezado».

redondo Sinónimo de equilibrado. Se dice del vino muy completo y con componentes muy armónicos.
reducido Vino que ha madurado lentamente utilizando solamente el oxígeno contenido en la botella. Suele resultar agradable.
reserva Vinos españoles que han pasado por un proceso de crianza durante un periodo más largo: los tintos, tres años en bodega, uno de ellos como mínimo en barrica; los blancos, dos años en bodega, seis meses como mínimo en barrica.
retrogusto Recuerdo más o menos largo que deja un vino en boca después de haberse bebido.
rima, en Se dice de la botella cuando está en posición horizontal.
robusto Cualidad del vino de grado elevado, buen color y excelente textura.

sabroso Cualidad del vino que produce sensaciones placenteras en la boca por sus agradables matices.
seco Vino fresco al paladar, con un contenido muy bajo de azúcar, inferior a 4 g/l.
sedimentos Depósitos o posos formados por el vino.
solera Vino oloroso de más de cinco años que se obtiene por mezcla de cosechas. Se dice también de un determinado proceso de crianza.
sommelier Palabra francesa que designa a quien se ocupa de la bodega y aconseja al cliente la correcta elección del vino en los buenos restaurantes, ocupándose también de su servicio. En español se llama sumiller.
sumiller (Ver *sommelier.*)

tánico Se dice del vino que posee sabor áspero, sensación que se percibe en las pieles de las frutas y en la madera. Se debe a la mayor o menor presencia de taninos.
taninos Sustancias orgánicas de la uva (pieles y partes leñosas) que aportan al vino aromas, sabores y caracteres astringente y capacidad de añejamiento. Produce vinos *tánicos*.

tenue Vino débil de propiedades.
terroso Vino con sabor a tierra.
tierno Vino ligero con poco extracto.

varietal Vino elaborado a partir de una única variedad de uva.
velado Vino de nitidez defectuosa.
V. C. P. R. D. Sigla de Vinos de Calidad Producidos en Regiones Determinadas.
vigoroso Sabor agradable, pleno de vitalidad y gran poder alcohólico, asociado generalmente a los vinos jóvenes.

Otros títulos GUÍAS BON VIVANT

Colección No entiendo mucho de vinos...

No entiendo mucho de vinos... pero sé lo que me gusta

Simon Woods

¿Alguna vez te has quedado mirando desesperadamente las estanterías de tu tienda de vinos preferida, te ha entrado miedo y has elegido la botella con la etiqueta más bonita o el precio más caro? ¿Alguna vez has estado en una mesa en la que todo el mundo parecía estar a la última sobre vinos, excepto tú? Seguro que sí...

No te preocupes, eso le ha pasado a todo el mundo, incluso al autor de este libro, Simon Woods. Por eso decidió escribirlo y, ajustándose a tus necesidades, te enseñará todo lo que necesitas saber sobre vinos... Todo ello sin recurrir a lenguaje técnico o complicado, detalles pedantes o un rebuscado estilo.

El autor se convertirá en ese amigo que siempre has deseado tener y que, con humor y entre copa y copa, te convertirá en alguien capaz de distinguir entre un Chianti y un Cabernet o de sorprender a sus amigos con nuevos menús y maridajes espectaculares o arriesgados y poco tradicionales, pero de resultados extraordinarios.

Historias curiosas del vino

Pamela Vandyke Price

Este libro nos habla tanto del vino como de sus diferentes tradiciones, ritos, objetos asociados a él, así como de algunos personajes que han influido en el mundo del vino.

- El origen del choque de las copas al brindar.
- El porqué se empezó a desear salud al brindar.
- El bautizo de los barcos.
- Las bebidas de Napoleón en la batalla de Waterloo.
- Tamaño y forma de las copas de vino actualmente y a lo largo de los siglos.
- Corchos y sacacorchos.

No entiendo mucho de vinos... pero sé cuál es mejor con cada comida

Giuseppe d'Este

Un práctico recorrido por el mundo de la degustación, el maridaje del vino y su uso culinario.

- Un repaso a la historia del vino.
- La armonía en la mesa: la importancia de los colores y el entorno.
- El sentido del gusto, su anatomía y las distintas teorías de los sabores.
- Ejemplos de distintos menús.

No entiendo mucho de vinos... pero conozco el arte de la cata

Giuliano Massini

Conozca los secretos de la cata y eduque sus sentidos para poder disfrutar plenamente de los vinos y descubrir lo que esconden. Toda la información necesaria, presentada de la manera más fácil, práctica y eficaz.

- De la uva al vino. Historia del vino y procesos de vinificación.
- El vino y su servicio. Consejos indispensables sobre cómo tratar los vinos.
- La vista. Observación del vino para determinar su aspecto y color.
- El olfato. Toda una inmersión en el mundo de los aromas y de los olores.
- El gusto. Un mundo de sensaciones gustativas hasta ahora desconocidas.
- Consejos sobre cómo organizar sesiones de cata y el universo de los concursos.